立體的歷史

—— 從圖像看古代中國與域外文化

邢義田 著

三民書局

增訂三版序

　　《立體的歷史——從圖像看古代中國與域外文化》一書是改寫增補自 2012 年 5 月 21 日～29 日應上海復旦大學文史研究院之邀，擔任「光華傑出人文講座」的四次演講。這四講是：

(1)「圖像與歷史研究」之孫悟空篇

(2)想像中的「胡人」——從左衽孔子說起

(3)希臘大力士流浪到中國？

(4)他山之石——古希臘陶片流放制與羅馬帝國禁衛軍

　　原本的演講是以「古代中國與域外文化」關係為主軸，綜合若干自己過去的研究，作一次簡單的報告。演講雖曾增補了一些材料和想法，但基本上是舊說的重述。這回利用改寫的機會，進一步作了思考和修補，甚至稍稍挪移了重點和擴大了範圍，尤其是頭兩講。

　　在原來的演講中，我強調歷史工作者應動員一切可用的文字性和非文字性的材料，也就是文字和圖像或視覺性的材料。這僅僅就「材料」而說。為了更好地說明我現在的想法，加上了「立體的歷史」當做總標題，希望指出文字和圖像只是提供「立體歷史」產生的條件。

　　所謂立體的歷史，是三度空間整體的歷史畫面，由(1)文字和非文字的材料，經(2)歷史研究和寫作者的手，傳遞給(3)讀者，三者互動而後產生。歷史研究和寫作者描繪並傳遞畫面。畫面在讀者心目中是否生動立體，一方面取決於讀者自己，一方面也取決於描繪和傳遞者的喜好、能力、訓練、眼光以及據以建構的畫面是否具體生動多彩。讀者如果能從這本書，看到一些不同於過去，富於縱深或激發想像的畫面，就令我感到安慰了。

　　由於原本是演講，本書保留了說話的口氣，也省略了學術論文常見的附注。有興趣進一步追索的讀者，勞請閱讀2011 年在中華書局出版的《畫為心聲》等書。

　　這次有機會出版，首先要感謝邀請我擔任講座的文史研究院葛兆光院長。如果不是他的邀約，我大概不會在一些老問題上花心思，朝前邁步。在修改講稿的過程裡，得到許多好友和學棣的熱情協助。杜正勝、洪金富、許雅惠、王輝、馬怡、侯旭東、劉曉芸、黃瓊儀、游逸飛或指正錯誤，或提供材料，衷心銘感。大家有不少期許，限於能力，一時還無法做到，只好等待來日。

　　本書幾經修補，這次利用再印的機會稍稍調整了少數文字和圖版，另外增加一篇新的附錄。全書仍然存在的錯誤，不消說，由作者自負。最後要謝謝三民書局提議再印以及三民編輯部為這本小書付出的一切辛勞。

作者序於臺北南港

2020.10

立體的歷史 —— 從圖像看古代中國與域外文化

目次

增訂三版序

第一講　「圖像與歷史研究」之孫悟空篇　　　　　　　　　| 1

第二講　想像中的「胡人」——從左衽孔子說起　　　　　　| 67

第三講　希臘大力士流浪到中國？　　　　　　　　　　　　| 131

第四講　他山之石——古希臘陶片流放制與羅馬帝國禁衛軍　| 181

附錄　　再論「中原製造」——歐亞草原古代金屬動物紋飾　| 230
　　　　品的產銷與仿製
　　　　中國古代平民的讀寫能力　　　　　　　　　　　　| 291
　　　　略論漢代護軍的性質　　　　　　　　　　　　　　| 305
　　　　奧古斯都的繼承者與禁衛軍　　　　　　　　　　　| 313

圖片出處　　　　　　　　　　　　　　　　　　　　　　　| 327

第一講

「圖像與歷史研究」

之孫悟空篇

◆ 一 開場白

上帝為什麼給我們兩隻眼睛？神學家應該會說，是因為上帝照自己的形象造人；上帝有兩隻眼睛，因此人也有兩隻眼睛。生理學家也許會說，是因為用兩隻眼睛才能產生立體感，感覺到距離的遠近。我要既嚴肅，又開玩笑地說：這是因為上帝要我們歷史學家用一隻眼睛看文字，另一隻眼睛看圖畫。

所謂圖畫，不僅指畫家的畫作，而是指一切視覺性，非文字的材料。我相信歷史學家如果用兩隻眼睛同時考察歷史留下的文獻和圖畫，應該可以見到比較「立體」的歷史。

但我必須說，文字和圖畫只是提供「立體歷史」產生的條件。所謂立體的歷史，是三度空間整體的歷史畫面，由(1)文字和非文字的材料，經(2)歷史研究和寫作者的手，傳遞給(3)讀者，互動而後產生。三度可以指文字、非文字材料和歷史研究者之間，也可以指材料、歷史研究者和讀者之間。歷史研究和寫作者是畫面的描述者，也是傳遞者。讀者心中能有怎樣的歷史畫面，一方面取決於讀者自己，一方面也取決於傳遞者的喜好、能力、訓練、眼光以及據以建構的畫面是否具體多彩。根本關鍵在於材料，因為歷史研究者畢竟不是小說家，不能憑空創造畫面。他們採擇什麼材料，如何採擇、詮釋或據以構形敷色，就十分重要了。

　　奈何長久以來，許多歷史學家或者受限於訓練，或者因個人的喜好和傾向，習慣於當獨眼龍——單重文獻，不顧文獻以外的材料。讀者閱讀他們的作品，即使心中也能產生畫面，畫面不免因材料不夠全面，不能更為完整飽滿。十分可惜。

　　單重文獻的往往是「正宗」的歷史學者。重視視覺性材料，或習慣從視覺材料入手的，往往被歸類為藝術史、美術史、美學或美術工作者。在學校教育上，臺灣各大學的歷史系一般很少有藝術、美學或美術史的課程和師資，它們多半存在於美術或藝術學院。美術或藝術學院和歷史系、所的師生，又往往老死不相往來。這樣的隔絕狀態由來已久，直到近年文化史研究成為浪潮，打破許多學科界限，情況才稍見轉變。

　　以我自己的學習歷程為例。四十多年前，我在臺灣大學歷史系當學生時，老師告訴我們研究歷史最好依據一手史料。所謂一手史料，是指當事人留下的原始文件，例如檔案、日記、回憶錄等等。除此之外，還有二手史料。二手史料是指經過某一人或一群人的選擇、剪裁、編輯或加工重寫，為了留給後人看的東西，譬如二十五史。歷史學家基本上就是利用這些一手、二手史料來做研究。不論一手、二手，都是文字性的資料。換言之，老師們眼中的史料基本上就是文字。

　　學生時代並沒有覺悟到這有什麼問題。現在回頭看，才覺察當年上完一年隋唐史、中國近代史這類斷代史，老師徵引的不外是《隋書》、新舊《唐書》、《資治通鑑》，或是近代

名人的日記、自述、書信或其他種種檔案或一手的近人著作，完全沒有提到過任何唐代的繪畫、石窟造像或墓裡出土的種種文物。上中國近現代史，老師在課堂上不曾參證過一張照片或其他文字以外的資料。1960 年代讀商務印書館出版的名著《國史大綱》，從頭到尾只有文字（現在的版本多了地圖），沒有引證任何一件視覺性、文字以外的材料，也不附任何一張圖片。這種情況在我上大學的年代，十分普遍。

　　為何過去的歷史學家熱衷於文字，而無視於非文字的材料呢？一方面自然是因為中國歷朝歷代留下了極多的文獻，有一個極為豐富的文字傳統。在近代印刷發達以前，中國文字資料之豐富可以說舉世無雙。中國的學術、教育傳統和探究關懷的問題，可以說完全是圍繞著各種文字性的資料而展開。忽視文字以外的東西，十分自然。

　　器物、書畫等等長久以來是士大夫文人用來賞玩或怡情養性的玩意兒。他們舞文論史，偶爾也會炫弄博雅，提及器物或書畫。但器物、書畫通常僅僅是論文的點綴，證史的婢女。一定會有人說：自宋代起，金石學發達，金石證史不是老早就形成傳統了嗎？不要忘了，固然有人以金石證史，更多的人是以金石為法帖。欣賞、臨摹漢、魏碑隸，柳、顏楷法才是關懷重點。他們並不在意書法以外的東西。宋代有《宣和博古圖》之類著錄了金石器形，開圖譜學的先河，奈何這類圖錄一直處在金石學大傳統的邊緣，直到近世才有較多的人關注。

　　好了，現在放下這個問題。請大家想想：古人留給我們的只有文字性的材料嗎？答案顯然不是。還有大量非文字的材料。下面要問：所謂非文字、視覺性或圖畫的材料有什麼特點？如何和文字性材料作比較？

　　與文字相比，圖畫材料的特點大約有幾點：

　　一是其直接性。當我們看到一幅圖畫，它的影像會直接，幾乎瞬間映入腦海，不像文字、語言需要經過一個閱讀或說聽的過程。文字不論直排橫排，需要構成語句，一句接一句。閱讀即使一目十行，也必然依著一定的先後順序，最終才能掌握整句或整段的意義。聽，也要一句句聽，最後才能總體掌握發言者的意思。

　　此外，圖畫具有全面性和同時性。目光所及，影像不僅直接立即，更會同時、全面地映入我們的腦中。此外，圖畫具有文字所無的色彩，更常是立體的。色彩性和立體性，往往可以傳達許多文字不能，或較不易傳達的東西。如此這般的特點還可以繼續細緻地羅列下去。這裡不再多說，僅舉幾個例子，說明圖畫比文字具有的優勢：

　　這幅圖是 1999 年美國哈伯 (Hubble) 太空望遠鏡在外太空所拍攝到的，七千光年以外，恆星剛剛形成時的氣體和柱狀雲（圖 1）。

　　當我們一看到這張照片，會立即直接、全面、立體、同時地掌握了它的色彩、形狀和厚度，在腦中形成一個整體、立體的影像。大家試想，如果沒有這張照片，換成以文字去

圖1 「恆星子宮」星雲

描述這張照片呈現的每個細節，需要多少文字才可能說得清楚？在網路上有這樣一段文字說明：

> 「眾生之柱」位於天鷹座星雲的巨蛇座恆星形成區域，由塵埃和氣體雲柱組成，能誕生新的恆星，因此又被稱為「恆星子宮」。距地球七千光年之遙，這意味著人類現在看見的「眾生之柱」其實是它七千年前的模樣。

如果大家僅據以上這段文字說明去想像，是否可能想像出照片所見的景象呢？恐怕沒有人能夠辦到吧。但我們只要看一眼照片，雖不知它屬於什麼星系，存在於多久以前，就可以直接、全面、同時地把這幅圖印在腦海裡。圖畫在這方面，

毫無疑問比文字具有優勢。

另外舉個例子。《續漢書‧輿服志》有如下一段記載：

> 進賢冠，古緇布冠也，文儒者之服也。前高七寸，後高
> 三寸，長八寸。公侯三梁，中二千石以下至博士兩梁，
> 自博士以下至小史私學弟子，皆一梁。宗室劉氏亦兩梁
> 冠，示加服也。

《漢官儀》和蔡邕的《獨斷》等書成書較早，也提到進賢冠
的樣式，但不如《續漢書‧輿服志》完整。請問哪一位能根
據這段描述，把進賢冠的樣子畫出來？我常在課堂中請同學
作「從文字想像圖像」的練習。結果畫出了各式各樣，光怪
陸離的帽子。從文字想像圖像，要準確，十分十分困難。幸
好漢代墓室壁畫中常有那時官吏的模樣，我們可以非常清楚
地看到他們頭頂上戴了個什麼樣子的帽子（圖 2.1）。

畫面中駕車者身旁人物戴有一頂黑色的帽子，冠上有梁，
前高後低。緇布是黑色的布。圖中所畫和《續漢書‧輿服志》
所說的進賢冠有梁、前高後低、用緇布為冠完全相合。當我
們看到這幅圖，很清楚、全面、同時連顏色全部都印在腦海
裡，立刻瞭解這就是進賢冠。如果沒有這些圖，只有《續漢
書‧輿服志》簡單的幾句話，大概很難想像進賢冠到底是什
麼樣子。

圖 2.1　洛陽金谷園東漢墓壁畫

圖 2.2　孫機線描進賢冠及說明

再舉一個《續漢書‧輿服志》裡的例子：

公卿以下至縣三百石長導從，置門下五吏、賊曹、督盜
賊功曹，皆帶劍，三車導；主簿、主記，兩車為從。縣
令以上，加導斧車。公乘安車，則前後並馬立乘。

圖 3.1　甘肅武威雷臺漢墓銅斧車

圖 3.2　河南滎陽王村鄉萇村東漢墓壁畫

大家知道古代官員出巡的時候，威風凜凜，前有前導車，後有隨從的車。〈輿服志〉提到縣令以上的車隊加「導斧車」。所謂導斧車是指在前導車中有一部叫斧車。斧車是什麼樣子呢？〈輿服志〉不著一字，古注也一無解釋。然而，拜考古之賜，甘肅武威雷臺漢墓出土了完整的銅車馬儀隊，其中剛好就有一輛斧車，河南滎陽王村鄉萇村漢墓壁畫的車隊中也有幾乎一模一樣的斧車（圖 3.1–2）。

斧車原來就是車上豎立著一把斧頭的車。斧鉞用以殺人，自古是統治者權威的象徵。斧車出現在漢代官員的前導車隊中，也是用來象徵他們的生殺大權。山東微山縣漢墓畫像裡有另一種形式，斧頭不置於車中，而由屬吏乘馬執斧出現在車隊的前面（圖 4）。這和斧車不同，意義和作用卻應該相似。由於有了這些反映形象的圖畫，看一眼便完全瞭解斧車是什麼，大大補充了文獻的空白。圖畫的魅力和優勢應該已

圖 4　山東微山縣文管所藏畫像石局部

十分明白。

　　但我不能不承認，圖畫的限制也很明顯。以下用我最愛的臺灣政治漫畫為例。為了讓大家瞭解圖畫的限制，我先將漫畫裡的文字去掉。這是 2012 年初，臺灣宣布幾年之後要從徵兵制改成募兵制，報紙上出現的諷刺漫畫（圖 5）。我把原有的文字全拿掉，畫面上只剩一隊軍人，大家能猜出這幅漫畫在說什麼嗎？除了那面國旗，幾乎無法猜測吧？當我先後加上「募兵制」(2)、「撇開藍綠，我們有自己效忠的目標」(3) 幾個字，理解的線索立即隨文字的增加而增加。臺灣政治藍、綠問題鬧得很凶，漫畫中這段文字，會使大家以為是和

圖 5　《中國時報》CoCo 漫畫，右下 (4) 為原圖

藍綠之爭有關。我再把漫畫中原有的「$」符號 (4) 加上，大家便知道是什麼意思了。募兵制下軍隊效忠的目標並不是藍或綠，而是鈔票！漫畫是在諷刺改成募兵制，軍人從此不知保國衛民，只顧圖謀利益。

　　再舉一個例子，也是臺灣的政治漫畫。我先把所有的文字都拿掉。畫面上只有一輛零件散了一地，破爛不堪的車子。這是在表現一輛破車嗎？不是。這是諷刺 2008 年誰來主宰「民進黨」這部破車。當時民進黨有幾個人在爭主席，「他們還在搶方向盤」。有了這幾個字，這個漫畫諷刺些什麼就清楚了（圖 6）。

　　但是，請看同一位漫畫家借用同一格式所畫的另一幅漫畫（圖 7）。我先拿掉文字，這幅又在說什麼呢？其實也在2008 年，馬英九當選總統，劉兆玄當行政院長。兩人坐上了駕駛座，當時臺灣的經濟卻像零件四散，開不動的破車一樣。

圖 6　《商業周刊》CoCo 漫畫　　　　　圖 7　《商業周刊》CoCo 漫畫

換上「臺灣經濟」和「劉院長，我們開到哪裡了？」的文字，同一幅漫畫就有了完全不一樣的意義。漫畫懷疑馬、劉是否能夠帶領方向，重振臺灣經濟。由此看來，真正決定圖畫意義的，不是圖畫本身，而是文字了。

大家跟著我的講述，是不是原來覺得圖畫具有優勢，現在又覺得文字重要了？在沒有文字說明的情況下，讀者不得不望圖生義，各作猜測，自作解讀。圖畫的一大限制就常在於它表達意義，容易陷於多歧和不確定。

過去的歷史學家偏好文字材料，很大成分正是因為覺得文字的意義較明確，好把握，少爭議。如果不依傍文字，單單憑圖畫，容易陷入各說各話的局面。圖畫如有文字配合，猜想的範圍限縮，意義才能較準確的表達和掌握。所以說圖畫固有優勢，也有明顯不如文字之處。

說來說去，最後不得不提個醒。文字就那麼意義明確嗎？文字其實和語言一樣，很多時候一字一詞一句的意義，並不如想像中的那般確定；要不，一段古書怎會有那麼多不同的注解？怎會有浩瀚的《十三經注疏》或巨大無比的《皇清經解》？古今圍繞文字而生的筆墨官司多如牛毛；如非歧義，各有理解，哪會有這樣的現象？

再舉一個更容易明白的例子。男女同學之間常會因一句「我愛你」而擦出火花或產生糾紛。不論說的，寫的，你的男、女朋友對你說，或留個「我愛你」的字條時，你心裡怎麼想？你在想：他（她）是真心的嗎？他（她）愛的是我的

容貌、鈔票還是才華?「我愛你」三個字很簡單,要確定它真正的意思,容易嗎?不容易。要看是在什麼脈絡,什麼情境之下,他(她)怎麼說的「我愛你」——是被迫?是發白內心?或是為了什麼特殊目的?三個字,意義千百種。不然,從哪來那麼多愛情電視劇和流行歌曲?文字的意義容易確定嗎?不分歧嗎?稍一細想,就發覺,不盡然。

總之,文字與圖畫,哪個更具有意義的多歧和不確定性?其實很難一言以蔽之,必須針對具體問題才好說。以上是今天的開場白。

▷ 二 玉皇大帝為何封孫行者為「弼馬溫」?

作為一個歷史學者,我覺得應該把古人留給我們所有的材料,文字與非文字的材料,通通納入視野和思考,才能較全面地掌握和瞭解古人想些和做些什麼。今天的正題,無非是把我前面講的,借用一個題目——玉皇大帝為什麼封孫行者為「弼馬溫」?作點說明。如果聽完,大家心中有了一個具有時代縱深、較為多面立體的孫悟空,我的努力就不算白費了。

首先,這個問題和中原農業社會與草原遊牧民族的文化互動有關。我將從明清時代往前追溯,談談這個大家熟悉的故事背後,會有怎樣一段長遠複雜的歷史,又如何利用文字

和非文字、視覺性或者說圖畫的資料，去勾勒這一段歷史尚可考知的幾個方面。

　　大家都知道玉皇大帝封孫行者為「弼馬溫」見於吳承恩的《西遊記》。孫悟空大鬧天宮，玉皇大帝很傷腦筋，打算給他封個官位，免得他再胡鬧。天庭裡有很多馬沒人管，玉皇大帝決定讓孫猴子來管馬，給個官銜叫「弼馬溫」。中國歷朝歷代從來沒有一個官叫弼馬溫，吳承恩怎麼會謅出這麼個官位？

　　其實吳承恩不是瞎掰胡謅，有他的根據。「弼馬溫」是諧音字，就是「避馬瘟」，避免馬得瘟疫。因為在他的時代，人們普遍相信猴子能保護馬、牛等牲畜不得瘟疫。大醫家李時珍和吳承恩的時代相近，李時珍在《本草綱目》卷五十一「獼猴」條下說：

> 養馬者廄中畜之，能辟馬病……，時珍曰：「《馬經》言：馬廄畜母猴，辟馬瘟疫。逐月有天癸流草上，馬食之，永無疾病矣。」

李時珍為證明養獼猴能避馬病，特別徵引了一部《馬經》。據《馬經》說，在馬廄中養母猴，馬吃了流有母猴經水的草，可以不生病。這部《馬經》來歷不可考，必然比李時珍的時代要早。

此外，稍晚於吳承恩，在謝肇淛《五雜俎》卷九，明確提到《西遊記》中玉皇大帝任命孫行者為弼馬溫的理由：

> 置狙於馬廄，令馬不疫。《西遊記》謂天帝封孫行者為弼馬溫，蓋戲詞也。

所謂「狙」就是猿猴。「蓋戲詞也」是說吳承恩藉諧音在搞笑。吳承恩謅出弼馬溫一職，雖搞笑，卻非沒有道理，因為那時的人相信在養馬的地方養猴，馬就不會得病染瘟疫。《明史》卷八十二〈食貨〉六「上供采造」條有弘治十五年為減費，命令光祿卿：

> 放去乾明門虎、南海子貓、西華門鷹犬、**御馬監山猴**、西安門大鴿等，減省有差，存者減其食料。

由此可見，猴能防馬病不是李時珍一人一時的認識。明代朝廷裡，在養御馬的地方也養有山猴。朝廷為了減省開支，才把畜養的各種禽獸放生或減少牠們的飼料。

以上舉的是文獻，再舉些實物資料。2008 年我到南京博物院參觀，在進博物院前的通道右手邊有栽滿花木的庭院，其中排放著很多明清時代的拴馬石柱。不少柱頭上雕刻著猴子（圖 8）。

圖8　2008年作者攝於南京博物院　圖9.1–2　2011年作者攝於西安碑林

　　2011年我在西安碑林一個院落裡也看到大批拴馬石柱，它們都是從陝西農村收集來的。石柱上也有猴子，背後甚至刻出一條長長的尾巴，可以保證是猴子無疑（圖9.1–2）。2012年，我從五台山回到太原的時候，在一家飯館「寶晉會館」前看到一排拴馬石柱，柱頭都是猴子，繫著紅綢。飯店主人大概仍然相信猴子能防「寶馬」車染車瘟。古為今用一下，就將古老的拴馬柱排放在今天的停車場旁邊了（圖10.1–2）。2013年改稿期間，承侯旭東兄惠賜他前一年在廣州廣東美術館院子裡拍攝到柱頭有猴子的拴馬柱（圖10.3），和其他各地看到的非常類似，可見拴馬柱分布之廣。

圖 10.1–2　2012 年作者攝於太原寶晉會館

　　猴子能夠防止馬得瘟疫的想法也傳到了日本。十三世紀鎌倉時代《一遍聖繪》繪卷上就可以看到馬廄柱子旁邊有一隻猴（圖 11）。另一個在「滋賀石山寺緣起」繪卷第十七紙上，也可以清楚的看到養牛、馬的地方拴著一隻猴子（圖 12）。日本這方面的資料還有很多，不去多說。

圖 10.3　2012 年侯旭東攝於廣東美術館

圖 11　《一遍聖繪》局部

圖 12　「滋賀石山寺緣起」繪卷第十七紙

▣ 避馬瘟說溯源

何時東傳到日本，我沒多考究。但似乎應該早於明代。明以前，是否還有線索？先引三條宋代的文獻資料。北宋許洞《虎鈐經》卷十「馬忌」條說：

養獼猴於坊內，辟患並去疥癬。

北宋梅堯臣有〈詠楊高品馬廄猢猻〉詩：

嘗聞養騏驥，辟惡繫獼猴。

南北宋之間，朱翌《猗覺寮雜記》卷下「死馬醫」條：

故養馬家多畜猴，為無馬疫。

如此看來李時珍《本草綱目》所引的《馬經》必早有淵源，追到宋代都有可能。

不但有文獻，還有圖畫。北京故宮博物院藏有唐代的《百馬圖》。圖錄中標注的是唐代繪畫。據我瞭解，藝術史家多認為所謂唐代的繪畫，很多實際上是宋代的摹本。無論它是唐畫或是宋畫，這幅《百馬圖》很有趣。圖上畫有很多馬匹，

以及養馬的場景。請大家注意在畫面左側，餵馬的草料旁邊
有個柱子，上面拴著一隻猴子（圖 13.1–3）。我相信以往研
究《百馬圖》的學者會去注意馬的千姿百態，大概很少注意
這隻不起眼的猴子吧。

圖 13.1–3　北京故宮博物院藏《百馬圖》及局部放大

圖 13.4　內蒙古庫倫奈林稿公社
前勿力布格村六號墓出土牽駝圖

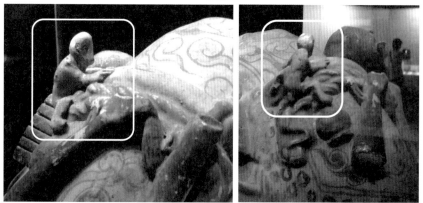

圖 14.1-3 陝西禮泉縣唐麟德元年鄭仁泰墓出土駱駝俑

　　1981 年內蒙古庫倫遼墓曾出土保存完好、規模宏大的壁畫，其中一匹由人牽著的駱駝背上載有一隻描繪清晰的猴子（圖 13.4）。遼墓中這種駱駝載猴的畫面不是孤例，可往前追到唐代。

　　2011 年 9 月，我在陝西歷史博物館看到一件唐三彩的駱駝。這件駱駝陶俑出土於陝西醴泉縣唐麟德元年（664 年）鄭仁泰墓。駱駝的背上有一隻猴子，除了大眼突吻的面部特徵，還能確定地形象的是尾巴。雖然尾巴有點短，但由尾巴可以確認這是猴子無疑（圖 14.1–3）。看來猴子不只防馬病，猴子對牛、馬、羊、駱駝等都具有神奇的保護作用。

　　這樣的想法應該可以上溯到西漢。1999 年河南省文物考古研究所在河南永城黃土山發掘出時代屬西漢中晚期，推定墓主為諸侯王后的二號墓。在一件陪葬雕飾極精美的銅質車蓋柄箍上，有錯金銀的各種動物及狩獵紋飾。紋飾中有一奔走中的駱駝背負著刻畫十分明確清晰的猴子（圖 15.1–2）。這件車器的紋飾繁複多樣，我沒法證明猿猴和駱駝在這一紋飾脈絡裡必有什麼特定的寓意，但牠們這麼早就被聯繫在一起，似乎不好說是純出偶然。

　　不論駱駝或馬，單說資料較多的馬。最少唐代的文獻也指出猴可助馬消百病。唐末五代的韓諤在《四時纂要》中說：

　　常繫彌猴于馬坊內，辟惡消百病，令馬不患疥。

再往前追，可以追到北魏賈思勰的《齊民要術》：

《術》曰：常繫彌猴于馬坊，令馬不畏，辟惡，消百病也。

至此，可以非常清楚地看到，貫穿唐宋明清，猴能防馬病的說法，至少可以追到北魏。錢鍾書先生在他的《談藝錄》（《談藝

1 2

圖 15.1–2　黃土山二號漢墓出土 A 型銅蓋柄箍及局部紋飾

錄增訂本・補正》,臺北:書林出版有限公司,1988 年,頁 510) 中說:

> 猴能使馬羊無疾患,其說始載於《齊民要術》。〈養牛、
> 馬、驢、騾第五十六〉「此二事皆令馬落駒」句下有注:
> 「《術》曰:常繫獼猴于馬坊,令馬不畏,辟惡除百病
> 也」;又〈養羊第五十七〉「羊膿鼻口頰生瘡」節下有注:
> 「豎長竿於圈中,等頭,施橫板,令獼猴上居;數日,
> 自然差。此獸辟惡,常安於圈內,亦好。」後世似專以
> 猴為「弼馬溫」,而不復使主羊事。

錢鍾書先生是大學問家,博聞強記,擅引各種中外文獻。他
說「猴能使馬羊無疾患,其說始載於《齊民要術》」,自然有
其權威性。問題是:真的就沒有更早的線索了嗎? 我不甘
心,繼續往前追。在圖像材料裡找到了突破口,也有少許間
接的文獻。

　　先說文獻。傳世干寶《搜神記》裡有一個故事,述說西
晉永嘉年間將軍趙固愛馬忽死,郭璞如何利用猿猴使死馬復
活。這個故事也見於《晉書・郭璞傳》,大家不難查找故事的
細節。這個故事和避馬瘟有點距離,但如果可靠,似乎西晉
時已有人相信猴子和馬的生死之間有一種奇妙的關係。

　　再往前追,就只能找到不完整、間接性的文獻。東漢王
延壽的〈王孫賦〉從頭到尾都在描述猿猴,牠的習性、長相、
生活樣態,到快結尾的地方出現「遂縲絡以糜羈,歸鎖繫於

庭廐」一句。根據這句話最少可以說，漢代已有在庭或廐拴鎖猴子的事，雖然沒有明說為了什麼，是否能防馬病。

明明白白說養猴防馬病的，的確以《齊民要術》為最早，錢先生說得沒錯。可是請稍稍留意《齊民要術》的原文，就可發現《齊民要術》是引據一本名為《術》的書而後立論的。這是一本怎樣的書呢？以校注《齊民要術》著名的繆啟愉先生曾指出，《齊民要術》在很多地方都提到「《術》曰」。他歸納後，認為《術》是古代一本講術數的書而為賈思勰所徵引。因此，是不是應該推定：賈思勰並非猴防馬病之說的第一人？此說早有來歷，已見於較早的著作。可惜這部著作沒能流傳下來。

四　圖像資料補文獻的不足

如果僅僅追索文獻，我們的工作最多到漢代就該打住了。幸好近百年來考古發達，漢代及漢以前的出土資料大量湧現。不少出土的圖像資料可以證明猴防馬病之說淵遠流長。舉例來說，1973 年，在今天甘肅金塔縣，漢代邊防要地肩水金關，出土了由三塊木板拼成的一幅木板畫（圖 16）。據我瞭解，這方出土已超過四十年的木板畫，迄今似乎還沒有引起注意和討論。畫面上以非常簡單的筆觸畫著一棵樹、一匹馬，和一個養馬的人。請大家注意樹枝下掛了什麼？正是猴子。

圖16　肩水金關出土木板畫　現藏甘肅省博物館

因為其旁並沒有文字題記，有人硬要說牠是別的東西，我也無可反駁。因為無文字為證，大家各執己見，誰也難以咬死論定。這正是利用非文字性材料常會面臨的困局。

　　但是，如果將這方木板畫放在我們前面一路追索的脈絡裡，說牠是猴子，豈不又相當理直氣壯？三隻用細線條畫成的猴子，有圓點形的頭，線狀的身體、雙手和雙腳，雙手攀著樹枝。關鍵是：這樣的畫為什麼會出現在漢代邊塞的肩水金關？有什麼存在的理由？

　　金關位居今天內蒙古額濟納旗，額濟納河流經的地方，過去是漢代烽燧線上的一個邊關，曾出土近萬枚漢簡，也曾有不少步、騎戍守。為了對抗擅長騎射的匈奴，邊關不但要有兵，還需要馬。漢朝從漢文帝開始就在邊郡廣設馬苑三十六座，大量養馬，又接納歸服的胡人協助養馬。最著名的例

子就是武帝時，委任來降的匈奴王子金日磾為馬監。馬監就
是監管養馬的官。

　　草原遊牧民族擅長騎射，也長於養馬。漢朝利用他們養
馬，正是古代版的「師夷長技以制夷」。遊牧民族的養馬技術
因此流入中原，而防馬病的一些相關醫術和觀念也不免隨之
進入中土。我相信猴防馬病之類的說法就是在這種情況下流
傳進來的。

　　古代醫術往往醫、巫不分，例如以符、咒醫病，今天看
來荒唐，古人卻信之不疑。猴防馬瘟，不是符咒，大概可歸
入以一物剋一物，所謂厭勝類的巫術，不必有什麼醫學上的
道理。為了防止馬生病，有猴的地方可養隻猴；沒猴的地方
就畫隻猴。這正如同家門口貼的門神，雖然是畫的，古人相
信畫的同樣有辟邪鎮宅的作用。這方木板畫，應作如是觀。

　　金關木板畫當屬西漢中期至東漢初。其他的證據多見於
東漢畫像石磚和壁畫。在河南密縣打虎亭一號東漢墓南耳室
西壁上，畫有牛、羊、馬廄，廄中牛馬等正在草料槽就食，

圖 17　河南密縣打虎亭畫像石線描圖

各槽前的柱子上，最少拴有兩隻清晰的猴子（圖 17）。在四川成都曾家包出土的東漢畫像石上，有頗為寫實的生活場景。畫面上層左側有卸下車的馬和馬料槽。槽上一柱，柱上有猴（圖 18）。不可思議的是在四川新津出土的三號石棺後擋上竟然也出現類似的拴馬和立柱上的猴子（圖 19）。

再看看陝西旬邑百子村東漢至三國墓壁畫（圖 20）。雖然兩匹馬之間柱子頂部的畫面已經殘損模糊，黃色的殘跡為何物無法明確分辨。但揣摩黃色殘跡的大小和位置，順著先前的理路，似乎只可能是猴子。迄今我們在這樣的柱頭上還不曾看見任何其他的動物。右側馬的下方還有一隻捲著尾巴

圖 18　四川成都曾家包畫像石

圖 19 四川新津三號石棺後擋畫像

圖 20 陝西旬邑百子村東漢至三國墓壁畫

的豬。這些畫都在相當程度上反映了漢代在養牲畜的地方養猴的習慣。這背後應該有一個共通的想法：猴了能防牲畜馬、牛、羊、豬、駱駝等得病，不僅僅防馬病而已。

　　我相信，故事還可以往前追，最少追到戰國。這裡必須強調的是，越往前，資料越少，越不明晰。我姑妄言之，大家姑妄聽之。也許不是全有道理，但也不至於一無是處。

五　中原與草原文化交流——戰國是關鍵期

　　接著說兩件戰國時期出土於臨淄的齊國半瓦當　（圖21.1–2）。瓦當上有雙馬拴在一株樹下，樹上有鳥和猴。這說

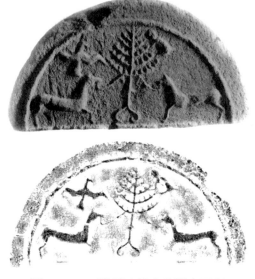

圖 21.1–2　戰國時代齊臨淄半瓦當

明這樣的藝術母題至少在戰國時期就已經存在。為什麼會有
這樣的裝飾形象出現？並沒有資料足以說清楚。這也許僅僅
是常見景象的寫實反映，但也不無可能有它特定的用意。我
必須承認這裡存在著認識上的空白。但如果連繫上戰國時代
一些其他器飾，也許可以作些不算離譜的揣測。可供連繫的
是戰國時代一種以猿猴為造型的銅帶鉤 （圖 22.1–2 、 圖
23.1–2）。

　　銅帶鉤相當於我們今天褲腰帶上的金屬帶頭。 鎏金的一
件（圖 22.1）明確出土自戰國時代曲阜魯國故城，鑲綠松石的
一件（圖 22.2）是在國外收藏家手中。錯銀的一件出自咸陽塔
兒坡戰國秦墓（圖 23.1–2）。《塔兒坡秦墓》考古報告第 146 頁

圖 22.1–2　山東曲阜魯國故城出土銅帶鉤 （上）；
國外收藏猿形銅帶鉤 （下）

圖 23.1–2　陝西咸陽塔兒坡秦墓出土銅帶鉤及線描圖

對這件錯銀銅帶鉤有如下的描述：「鉤體為長臂猿，用模澆鑄而成。長臂猿左臂上舉，爪心向內彎曲為鉤首，右臂下垂，掌心向後。雙腿微曲做半蹲狀。鉤面用銀線錯面部、肢體……長 8.3 釐米，鉤體最寬為 2 釐米，最厚為 0.6 釐米。」戰國時代的人為什麼要在腰帶頭上裝飾一隻猴子呢？

　　我的猜想是：戰國時代正是草原遊牧民族興盛，開始對中原農業社會形成威脅的時代，也是騎射之術開始傳入中土的時代。因為和草原遊牧民族的頻繁接觸，當時中國北方很多的國家，例如秦、趙、燕等國只好師其道以還制其人。趙武靈王即以「胡服騎射」著名。要騎射，先得養馬、建騎兵。

　　養馬，必會面臨馬病的問題。馬生病不會限在馬廄內。馬在外活動，也可能得病。怎麼辦？一個巫術性的辦法是當人騎馬，騎者腰帶上佩個猴形帶鉤，或直接在馬身上裝佩「護身猴符」。這種護身猴符在北亞草原地帶出土很多，有單獨的猴，也有騎在馬上的猴（圖 24.1–2）。這些金屬佩件有一共同特點，即都有穿孔或環扣，可供吊掛或縫在某種衣物或飾件上。如此一來，在馬廄有真或畫的猴，馬在外活動，因有猴形象徵物隨身，不論動靜，都可得到猴的神奇保護。這也

圖 24.1–2　北亞草原護身猴符

許是草原地帶出現猴形佩飾，中原國家出現猴形帶鉤的一個原因吧。

　　早期的草原遊牧民族雖然沒有文字，但與草原民族有接觸的周邊農業民族留下了他們觀察草原民族的資料。因此知道歐亞大陸各地的遊牧民族，自不可知的遠古開始，流傳一種猴能醫或防馬病的說法。以下舉個例子。在季羨林先生翻譯的印度故事集《五卷書》中，提到一位國王的馬圈失火，馬或死或傷，他就叫醫生來救馬。醫生查了一部獸醫經書《舍利護多羅》，說是可用猴子的油脂醫療馬的燒傷。日本學者曾把這一類與猴、馬有關，不只草原地帶的資料收集整理成書。電子版的《伊朗百科全書》中也收有猴子醫馬的故事。因此，我傾向於相信，當戰國時代中原國家開始和草原養馬民族接觸以後，不只是騎射、養馬的技術，與養馬有關的醫術，不管是巫術性，還是非巫術的，都在這時陸續進入了中原。

六 文化交流—— 一個雙向複雜的過程

　　既然談到草原騎射、養馬醫術流入中土，不得不強調中原與草原民族之間的互動其實是一個雙向而且複雜的過程。

　　下面舉兩個例子，一個是從胡人為中原養馬，看工藝造型格套或模式的形成，以及與社會現實之間的關係；另一個是中原的工匠為胡人製造工藝品，有意無意間輸出了中原的文化元素。同樣的造型題材，在中原與草原社會，可以有不同的意涵，也可以並存重疊。有一些造型母題進入新的文化地區，因融入新元素而「在地化」，其舊有的特徵和意涵卻不一定完全丟失。

　　胡人為中原養馬，老實講，文獻材料只有前面提到的，漢武帝時匈奴王子金日磾降漢，漢武帝派他做馬監這一條。實際上，為漢朝養馬的胡人應不只金日磾一個。文獻資料有限，圖像的資料卻非常豐富，甚至形成了一個造型藝術表現的傳統。

　　首先我們要怎樣確定造型藝術中「胡人」的形象？從戰國到漢代留下了大量表現胡人造

圖25　甘肅針刻骨質雕管

型的材料。第一個例子是藏於甘肅省博物館,春秋時期的一個骨質雕管,其上針刻出一位彎弓射箭的人,頭頂上戴著高高的尖帽子（圖25）；另一個是在甘肅張家川馬家塬,春秋戰國墓中新出土的小型鉛質人俑,他的頭上也戴著一頂尖尖的帽子（圖26）。

春秋戰國時代中原各國面對的胡人雖然面目非一,外貌衣裝也必定各式各樣,但中原工匠在塑造胡人的形象時,卻逐漸有固定化的傾向,給他們都戴上了一個帽頂微微朝前或後彎的帽子,作為最明顯的服飾特徵。這個特徵為漢代工匠所繼承,不論在漢代畫像石或磚上,胡人常鼻子高高的,眼眶深凹,戴著尖尖的帽子（圖27）。但是,僅憑這些就說他們是胡人,並不能令人信服。

在山東長清孝堂山這座唯一完整存世的漢代石造祠堂

圖26　甘肅張家川馬家塬鉛質人俑

圖27　河南南陽胡人畫像磚

裡，有一幅著名的石刻胡漢交戰畫像。畫像中戴著尖頂帽的人物旁邊，有清晰的榜題「胡王」兩個字（圖 28.1–2）。和胡王相對的那些胡兵也都戴著尖頂帽。在此，有了文字榜題為證，尖頂帽和胡人的關係可以完全確立。

　　漢代石刻中這類尖帽胡人很多很多。徐州漢畫像石藝術館收藏的一方漢畫像石上有馬與戴尖帽的胡人即為一例（圖 29）。大量的出土資料證明，在漢代胡人養馬是非常普遍的事情。湖南長沙馬王堆三號墓出土的遣策上，曾記載供墓主使用，陪葬的車騎中有「胡騎二匹，匹一人，其一人操附馬」（圖 30）。胡騎二人是兩位胡人騎士，每匹馬配一人，其中一人負責操持備用的馬。三號墓屬西漢初，可見從西漢初胡人和馬已關係密切。或許正因為如此，才會留下不少圖像的資料。湖南衡陽東漢墓出土的這組銅製牽馬胡人俑，雖然人俑頭上沒有尖頂帽，而是平巾幘，衣服也是普通漢服，但他鬍子長，鼻樑高，眼睛大，無疑是穿漢服的胡人（圖 31）。

　　這種胡人養馬、牽馬的圖像在後代很多。例如 2014 年參觀新發掘不久的忻州九原崗北齊墓，在墓道兩側儀仗人物中即有不少胡人牽馬的壁畫（圖 32）。2012 年在河南博物院看見洛陽古代藝術館藏唐睿宗孺人唐氏墓出土的壁畫，壁畫上即有胡人牽馬（圖 33），類似的壁畫也見於陝西醴泉縣出土，唐乾封元年（666 年）貴妃韋珪墓壁畫（圖 34）；陝西歷史博物館藏有唐三彩牽駝俑與駱駝（圖 35）；上海博物館藏，傳五代趙喦《調馬圖》裡牽馬的胡人戴著尖尖的帽子（圖 36）；

圖 28.1–2　山東長清孝堂山石祠畫
像中戴尖帽的「胡王」（上）及局部放
大（左）

圖 29　徐州漢畫像石藝術館藏漢畫像石局部

圖 30
馬王堆三
號墓遣策

圖 31　湖南衡陽東漢墓出土銅牽馬胡人俑

江西省博物館藏有江西景德鎮出土的北宋青白釉胡人牽馬俑
（圖 37）。以上胡人所牽的不是駱駝就是馬。

2012 年我有緣參觀山西五台山南禪寺。南禪寺重修於唐
德宗建中三年（782 年），是迄今可知年代最早的唐代木構建
築。寺裡的泥塑佛像則屬宋代。在騎獅文殊菩薩像前立著一
位牽引坐獅的人，大家看看他的造型是不是和前面所說幾件
一脈相承？一臉胡人像，戴著一個尖頂微微向前的帽子（圖
38.1–2）。

利用胡人養馬，由來已久。一開始可能因為胡人和馬關
係密切，因此「胡人牽馬或養馬」變成了一個藝術表現的母
題，甚至逐漸有了固定化的表現模式或格套。後來，養馬或
牽馬的不一定是胡人，模式或格套卻已經形成。工匠照著祖
傳粉本，依樣葫蘆，因此我們在唐、宋仍看見不少這樣的作
品。大家看見這些唐、宋的胡人牽馬圖或像，萬萬不可就以

圖 32　忻州九原崗北齊墓局部

圖 33　唐睿宗孺人唐氏墓出土
胡人牽馬圖局部

圖 34　唐乾封元年貴妃韋珪墓壁畫　　　　圖 35　唐三彩牽駝俑與駱駝

圖 36　上海博物館藏　傳五代趙喦《調馬圖》　　圖 37　北宋青白釉胡人牽馬俑

圖 38.1-2　五台山南禪寺宋代塑像胡人

為它反映了社會現實，以為從漢到唐、宋的胡人都長一個樣，
都由他們養馬、牽馬。胡人養馬、牽馬這事，有；但不全這樣。

　　要證明這些是依照一定的模式或格套而來，不全是反映
現實，恰恰又可以拴馬石柱為證。唐、五代多胡人，明、清
以來情況不同了吧？除了西洋番，歷史上的胡人在明清時代
早已消融在華夏民族的大熔爐裡。有趣的是明、清的拴馬石
柱上除了雕刻猴子，更常見的是尖帽胡人。數量很多，以下
僅舉我親見的為例。我在西安碑林院內看到很多，碑林大門
口左側、西安城內書院門旁、西安戲曲研究院內（圖 39.1–
4）和南京博物院（圖 8）都曾見到過。這些尖帽胡人和明、
清社會現實並沒關係，卻因造型工藝講究祖傳，既有的粉本

圖 39.1–4　西安碑林 (1–2)、西安書院門 (3)、西安戲曲研究院 (4)
的胡人拴馬石柱

和格套，可以脫離現實，沿用不絕上千年。換言之，圖像和現實之間的關係，或實或虛，分辨要極其小心。再想想，文字與現實之間，不也是虛虛實實？不小心，不也同樣上當？

以上談了胡人為中原養馬，後來胡人不見得再為中原養馬，可是「馬與胡人」這種形象組合，作為工藝造型模式或格套，卻在後代流傳不絕。

最後要講的是中原工匠為遊牧民族製造工藝品，有意無意中將中原藝術的造型元素融入了作品，輾轉流傳域外。首先要證明草原遊牧民族所用的金銅類物品確有出自中原工匠之手。這個問題過去學者早有推論，卻苦無較好的證據。1999 年在西安北郊北康村發現了戰國鑄銅工匠墓，可以說為解決這個問題提供了迄今最有利的證據。墓中發現了很多用於製作金屬工藝品的泥製模具和工具，因此可以判斷墓主的身分是一個工匠。從出土模具的紋樣，可以清楚看到泥製模具上馬的形象，完全具有草原斯基泰文化藝術的特色，將它和黑海出土的銅馬飾對比，在總體造型和向前反轉的馬腳這最具代表性的特徵上，幾乎一致（圖 40.1–2）。

這位工匠的墓位於今天西安北郊，墓主應是戰國時代的秦人。他卻依草原遊牧民族所喜愛的樣式，製造銅飾品。這強烈暗示遊牧民族的銅飾品至少有一部分產自中原。華夏中原從戰國時代開始不斷接觸遊牧民族，接受他們的騎射、養馬技術及相關的信仰，同時中原的工匠也製造了大量工藝品輸出到草原。大家知道，漢王朝經常大量賞賜絲綢、糧食、

圖 40.1　北康村戰國墓出土泥製模具

圖 40.2　黑海出土西元前四世紀銅馬飾

各種工藝製造品給歸順或尚未歸順的草原遊牧民族。寧夏文
物考古研究所的羅豐先生在 2010 年第 3 期《文物》上發表了
一篇論文〈中原製造——關於北方動物紋金屬牌飾〉。論文裡
面收集了大量這方面的材料，我很同意他的看法，大家可以
進一步參考。

　　以下舉一個羅豐沒提的例子。前蘇聯哈薩克共和國境內
阿拉木圖 (Kargaly) 曾出土一個時代屬西漢晚期，鑲嵌綠松石
的金冠邊飾。雖然已經斷裂，但很可能是當地工匠吸收了漢

圖 41.1-2　阿拉木圖出土金冠
殘片及局部放大

代中原工藝母題元素，也可能即由中國工匠為草原民族所製
造（圖 41.1-2）。阿拉木圖一帶在漢代是烏孫國的所在，烏
孫久為漢代盟國，漢公主曾下嫁烏孫王。因此這裡出土中原
工藝品，並不奇怪。

　　中原工匠在製造的時候，有意無意地會把漢代中原流行
的造型元素帶入這些工藝品的構圖裡。例如金冠的怪獸上面
坐著羽人，這個羽人的造型與漢代畫像石或銅器上看到的幾
乎一樣，瘦瘦長長，帶著翅膀。可供比較造型的有陝西咸陽
市周陵鄉新莊村出土的白玉仙人騎馬像，羽人騎在馬上（圖

圖 42　陝西咸陽市周陵鄉新莊村出土白玉
仙人騎馬

圖 43　江西南昌西漢海昏侯墓出土漆盒局部

42）。江西南昌西漢海昏侯墓近年出土的漆盒上有貼金的羽人
騎在仙鹿上（圖 43）。這件金冠因此有可能是中原工匠的傑
作。但類似形式的金冠從黑海到阿拉木圖一帶曾出土不止一
件，當地的工匠也完全有可能模仿中原風格或借用中原的藝
術元素，在當地製造。

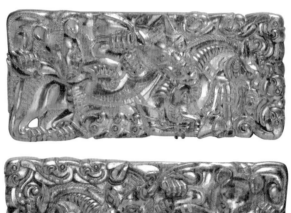

圖 44.1–2　徐州獅子山楚王陵出土純金帶扣

圖 44.3–4　廣州象崗南越王墓出土龜、龍紋金帶扣

　　此外，我還要稍稍補充一點。中原工匠生產的域外風格工藝品，大概並不只是供應草原牧民，也供應嗜好「洋玩意兒」的本朝王公貴人。中國古代的統治者一向喜歡殊方異物。兩《漢書》和《西京雜記》都有不少記載。漢武帝的上林苑就是一座域外珍寶和珍禽異獸聚集的博物館。

　　草原遊牧民族因本身生活型態、原料和技術種種限制，能夠生產的高品質「珍寶」十分有限，即使從他人手中輾轉販賣，大概也不能滿足大漢皇室和王公貴族的嗜好。一個解決的方法就是由中原工匠仿製。近年在徐州西漢初諸侯王陵及劉氏親屬墓裡，已發現好幾件具有草原藝術特色的金腰帶扣，有趣的是它們構圖繁複，工藝精緻（圖44.1–2），也雜有中原造型元素（例如龜、龍），不全然同於草原製品（圖44.3–4）。尤其是徐州獅子山楚王陵出土的一件金帶扣，背面有中文銘刻「一斤一兩十八銖」、「一斤一兩十四銖」。金銀銅器上註記重量，是漢代工官造器的慣例。因此，我相信諸侯王墓出土的恐怕不是真正來自草原的「進口貨」，而是中原工匠的山寨仿冒品。

　　胡人為中原養馬以及中國的工匠為草原遊牧民族製造工藝品，這中間有十分複雜的互動關係。技術、信仰、工藝造型母題這些東西傳來傳去，表面和背後的內涵往往隨環境和文化的不同而改變，有時舊義未消，新解加上，寓意可層層堆疊而多重化。新舊成分的比重又會隨時空而游移。要準確掌握，不容易。

七 「猴防馬病」與「馬上封侯」多義並存

我們仍然回到猴與馬這個問題上來說。前面提到在北方的草原地帶曾經出土或收集到很多猴子騎在馬上帶環扣的銅飾。石田英一郎的《新版河童駒引考》收集了一部分，還有很多是第二次世界大戰前，江上波夫等日本學者在赤峰、熱河等內蒙古地區做調查時所收集。後來鄂爾多斯一帶也發現不少（圖45）。這些小型銅掛飾到底做什麼用？騎在上面的是猴還是人？不少中國學者過去認為騎在馬背上的是人，吉林大學林澐先生認為是猴。我十分贊成林先生之說，但它的意涵和功能是什麼？有很多不同的意見。林先生認為有「馬上封侯」的意思。就中原地區來說，我很贊成。但對草原遊牧民族來講，也是這樣嗎？就須要更多的考據和論證。

前面我們談過，歐亞草原上的遊牧民族很早就相信猴能

圖45　鄂爾多斯出土及收集的猴馬銅飾

讓馬不生病，也提到可能因為這種信仰，而有了猴騎馬、猴帶鉤這類猴形佩飾或佩件。這種想法傳入中土，在傳世文獻和圖像材料中都留下了痕跡。但這一個猴與馬組合的母題，在不同的社會文化裡，卻似乎衍生出了新的內涵。

這裡我要特別強調，即使有了新的意涵，舊的寓意不見得消失或被取代。這是我說的寓意多重化。也就是說，同樣的一個猴、馬銅飾，對某些人而言，它具有猴防馬病的意義；對其他某些人，具有祈佑馬上封侯的作用；但對另一些人來說，這件小銅飾又可能同時具有防馬病、求封侯的意義。這些作用和意義不必相互排斥。

中國人從古到今，不可否認最喜歡的就是升官發財。升官就能發財，發財就能升官。「馬上封侯」這個成語，和升官發財的期望密切相關。它出現得很早。

我目前能找到最早的例子是宋代大詩人黃庭堅〈次韻胡彥明同年羈旅京師寄李子飛三章〉中的一句：「原無馬上封侯骨，安用人間使鬼錢」。

不過，這一句中的「馬上封侯」跟我們今天所講的「馬上封侯」意思稍有些不同。關鍵在「馬上」二字，在語言習慣上有些不一樣。在今天，馬上是「立刻」的意思，「馬上封侯」也就是立刻、即刻封侯。古代的「馬上」原指馬背之上。黃庭堅詩句的意思就是這樣。而較早較有名的例子莫過於漢初，陸賈規勸劉邦，從馬上得天下，卻不應從馬上治天下。這裡的「馬上」也是指在馬背上立軍功，甚至建王朝。

圖 46.1–2　和林格爾漢墓
「立官桂樹」壁畫及局部放
大

　　如果要把「馬上封侯」這樣較為抽象的意思轉變成圖像，
怎麼辦呢？古人很聰明，利用諧音。漢朝人很擅長利用諧音
轉換意象。例如大家都熟悉，司馬遷寫《史記》，就以「逐
鹿」比喻「逐祿」。漢代的銅洗銘文以「羊」諧「祥」，石刻、
壁畫榜題以「桂」諧「貴」，以「雀」諧「爵」。如此一來，
一些不容易以圖像表現的抽象概念如「祿」、「祥」、「貴」、
「爵」等等，就被轉換成可以具體圖像呈現的「鹿」、「羊」、
「桂樹」和「鳥雀」。

　　我曾寫過一篇文章談漢畫像石中的「射爵射猴」圖（圖

圖47　河南南陽漢墓出土　　圖48　陝西西安繆家寨出土

46.1–2）。為什麼要把樹上的雀射下來？因為雀就是「爵」。
漢宣帝曾以「神爵」為年號，因為他即位頭幾年有很多鳥雀
飛集長安，被認為是吉兆，因此改年號為「神爵」。「射雀」、
「射猴」都是博取功名富貴的意思。利用同樣的原理，「馬上
封侯」不就可用「馬背上有隻猴子」來表示了嗎？為了諧音
封字的需要，有些後世的工藝品甚至會另外加上一隻蜜蜂呢。

　　幾年之前我到河南博物院，恰逢河南考古五十周年特展，
他們把南陽新發現漢墓中的文物拿出來展覽。我看到了這件
小陶器，馬上真的騎著一隻猴子（圖47），這是一件明確的
出土品，先前我們看到的都是些收集品，不是那麼可靠。這
件南陽市出土的陶器相當可靠，但只有這一件材料，說服力

圖 49　山東滕州漢畫像石館藏

圖 50　山東東阿鄧廟一號
漢墓出土畫像拓本局部

還不夠。幸好 2007 年陸續刊布了好幾件新材料，終於可以擺
脫孤證的危險。其中一件是西安繆家寨出土的釉陶騎馬俑，
馬背上也騎著大眼突吻的猴（圖 48）。

　　這兩件和北方草原出土或收集的銅掛飾在造型上有類似
的地方，基本上都是猴騎在馬上。它們看起來似乎都可解釋
成具有猴防馬病的意義。但再一想，這兩件都是陶製，沒有
可供吊掛的環扣，可知它們原本應不是供吊掛用的護身符。
那麼應該可能是什麼呢？

　　我感覺比較像是寓意「馬上封侯」的吉祥物。這從以下
三件畫像可以看得更清楚。第一件是我十五年前在山東滕州
博物館看見，2011 年再去看，已移置滕州漢畫像石館的一方

圖 51　河南新密市出土漢畫像磚局部拓本

畫像石（圖 49）。這一石上右側有一人正彎弓射樹上的鳥雀，左側有一人立在馬背上，也像是正要捉捕樹上的鳥雀。2007 年《考古》第 3 期上發表了山東東阿鄧廟一號漢墓出土的畫像石（圖 50）。畫面中有樹有鳥，樹下有人站立在馬背上，樹幹旁正有一猴企圖攀援而上，但其後一人並沒有弓箭在手。第三件是河南新密市出土的漢代畫像磚（圖 51）。其下方右側有筆觸極簡的樹鳥，其下有人彎弓射鳥，其左有一猴在奔馬的背上。從這幾幅圖，可以看出工匠試圖準確地表現出「馬上封侯」的意義，但又沒能完全擺脫「猴騎馬」的舊格套。一個辦法就是讓它們並存。一邊有人立在馬背上，一邊有攀樹的猴，如此豈不意味著「馬上逢（封）猴（侯）」！

　　由於這些圖像資料的出土，我膽敢下個結論：在漢代雖然找不到「馬上封侯」的文字成語，這樣的想法在漢代必然已經存在。

　　因此除了猴子可以治馬病的想法以外，實際上，在中國人的思維裡面，將猴、馬的形象與現實中的期望結合起來，利用同樣的藝術造型，又賦予了它具有在地化的新意義。

　　2012 年 4 月 9 日我到北京大學演講，講同樣的題目。臺下有同學做北京舊宅門前石墩的研究，聽到我的演講後，就把他所收集，很多門前石墩子照片給我。這些石墩子當然是清代，甚至是民國初期的，所刻的畫面叫做「封侯掛印」（圖 52.1–3）。樹下猴子正在設法攫取樹上的蜂巢或掛個印在樹上。這些一看就十分明白，都是取諧音，討「封侯掛印」的吉利。封侯掛印的石墩子放在大門口，正是祈求進出大門的人不是升官，就是發財。在北京這地方，有這樣的石刻，真是再適合不過了。

　　不限於北京，我在網上找到不少當代繪畫和工藝品，仍然以「馬上封侯」、「封侯掛印」為主題（圖 53）。前不久，在網上還發現山東嘉祥某石雕廠的廣告（圖 54），竟然有一排拴馬柱，說明現在還有很多人家喜歡這種東西，仍然有人大量複製。要說中國人的心理需求在某些方面千年不變，似乎沒什麼大錯吧？

　　以上所講的主要是根據我 2009 年所寫的一篇文章〈「猴與馬」造型母題——一個草原與中原藝術交流的古代見證〉，

圖 52.1–3　北京舊宅門前石墩

但很多材料在那篇文章裡面沒有，是最近才搜集到的。

　　總之，以上我希望以舉例的方式，說明歷史研究應該文圖並用，中國傳統文化在很多方面不是孤立發展，與域外有

圖53　「馬上封侯」現
代水墨畫

圖54　山東嘉祥央美環境藝術石雕廠廣告中的石刻產品

　　密切雙向複雜的交流。許多文化現象或心理可以延續數千年，
至今不絕。希望聽完之後，大家心中能出現了一隻較過去更
為多面、立體，有畫面、有深度的孫悟空。

附記：

　　詳細討論請參邢義田，〈「猴與馬」造型母題——一個草原與中原藝術交流的古代見證〉，《畫為心聲》，北京：中華書局，2011 年，頁 514–544。

後記：

　　本篇修改完，閱報得知新華社 2013 年 9 月 12 日發布消息：陝西靖邊統萬城遺址內發現大型夯土建築遺址，其中有石猴等建築構件，並附了照片。統萬城為西元四、五世紀匈奴人所建大夏國國都。這一發現和我們討論的問題是否有關，值得繼續留意。（2013 年 9 月 26 日）

◇·◇·◇·◇·◇·◇·◇·◇·◇·◇·◇·◇·◇·◇·◇·◇·◇·◇·◇

主持人（葛兆光）：我想，第一，能把學問做到如此有趣，第二，把材料用到這麼合適的地方，第三，這次講演的背後實際是一個特別大的問題，就是草原遊牧民族與中原農業社會的交流問題，宮崎市定曾經講過一個大膽的判斷：整個中國史就是遊牧民族和農業民族的衝突和融合的歷史，是野蠻的北方民族和柔弱的南方民族衝突的歷史，因此，邢教授講演的背後實際是一個非常大的判斷，下面把時間開放給大家。

問　答

一、非常感謝您精彩的報告。我有兩個問題向您請教，一個
　　是羽人這個母題。西方學者研究認為它可能是受西亞的
　　影響，經過草原傳到中國，雖然中國的羽人有其獨有的
　　非常纖細的特點，以上通過幾個斯基泰金冠上的羽人，
　　是否就能斷定它是中原工匠所為？第二個問題是，您提
　　到拴馬柱上有胡人的形象。我觀察到，這些胡人也很像
　　力士，因為它和獅子結合在一起，當力士與獅子結合的
　　時候有很大佛教的因素，不知您有沒有考慮到這兩種因
　　素的混合？

答：中外學者都曾研究羽人。這種背後帶翅膀的羽人形象在
　　西亞常見，且時間比中國的更早。這樣的表現形式在整
　　個歐亞大陸材料都非常多，怎樣證明哈薩克共和國那批
　　材料一定是中原工匠做的，而不是從別的地方過來的？
　　基本上，我是借助風格分析的方法從它的造型特徵來判
　　斷。是不是有更早期，在更西方一點的地方，也能看到
　　這麼纖細的羽人？我不敢說。如果有的話，我立刻修正
　　自己的觀點。實際上，處理文化傳播的材料是有難度的，
　　如何避免不著邊際，能找到一些比較具體的證據，將材
　　料間的關係建立起來。我在下一講會特別強調這一點，
　　就是怎樣建立某些基礎和標準，以比較有說服力的方式

來說明某個東西是從東傳到西，或者從西傳到東。

第二個問題非常重要。我們在南禪寺也看到文殊菩薩旁邊有一個胡人。毫無疑問，越到晚期藝術造型裡面的因素越複雜。佛教是魏晉南北朝以後中國藝術品裡非常重要的一個外來的構成因素。但是力士這個主題跟我今天要講的內容稍遠了一些，所以我沒有把這部分帶進來。但你所講的這種現象的確存在，後期這些材料的造型的確有佛教的因素。

二、您剛才所講猴能避馬瘟的信仰，圖像上的資料最早能追到戰國。可是我們所看到的猴與馬的材料大多是中原地區的，而馬是從西方傳來的。您的意思猴能避馬疫的這種信仰本身是從西方傳來的，還是中國在引進馬之後，自己想出來的？因為在斯基泰那邊似乎很少看到猴的形象。

答　：我在一篇文章裡曾提到俄羅斯那邊的材料。盧芹齋 (T. C. Loo) 曾把北方草原的材料收集成一本書，這本書裡就收有俄羅斯草原所出新石器時代骨雕的猴子。但是這個材料我沒有用，因為它們都是收集品，有些不可靠。實際上，我講這個題目的時候經常會被問到的是：中國北方有猴子嗎？草原地帶有沒有猴？大家知道猴子這種動物習慣生活在溫熱的樹林裡。草原如果沒有猴，遊牧民族怎會有猴避馬病的想法？我相信這類的想法或信仰

淵源極早。在中國的北方和西北方，現在的草原地帶曾有大量森林，氣溫也較現在溫暖許多。因此應該曾經適於猴類生存。隨著氣溫變低，森林逐漸北退，猴子逐漸不見了。但曾經存在的，很古老的想法卻有可能流傳下來。漢代肩水金關木板畫，在樹下畫了一隻猴。我很想知道漢代金關這個地方是不是曾有樹林？今天那裡是黃沙一片。可是在漢代，這裡曾經可以駐軍屯田。能駐軍屯田就一定有水；有水就有可能有林子。即便沒有大片林子，也可能有胡楊林。一直到現在，那一帶水較多的地方仍有胡楊林。幾千年來，西北一帶肯定經歷過自然環境的變化，但一些極古老的習俗或傳說在我們至今一無所知的情況下，可能有所存留。十八至十九世紀俄國的探險隊曾在新疆和闐約特干遺址徵集到時代屬東漢，高約 6 公分的玉雕猴子和猴飾玉印章（附圖甲.1–2），日本探險隊則在 1901 年同地採集到高約 6.8 公分的雄性陶猴（附圖乙）。印度國家博物館藏有 1923 年英駐喀什副領事購自和闐巴德魯丁汗，可能出土自約特干的四至五世紀的頂碗陶猴（附圖丙）。因此四、五世紀以前，猴子在新疆和闐約特干一帶應不少見。

甘肅酒泉丁家閘魏晉五號墓壁畫上有大樹，樹上畫有清晰的猴子（附圖丁）。2012 年，我曾在山西省博物院目睹北齊婁睿墓壁畫原作，發現畫上一角的樹上居然畫了一隻猴子（附圖戊）。1986 年在陝西渭水北岸漢長陵附

附圖甲.1-2　新疆和闐
約特干遺址出土的玉雕
猴子和猴飾玉印章

附圖乙
約特干遺
址出土的
雄性陶猴

附圖丙　約四至五
世紀的頂碗陶猴

近出土一件黃釉陶猴（附圖己）。這些似乎都暗示從漢代
到南北朝，從新疆、甘肅到陝西和山西北部都有可能存
在著猴子。猴子能防馬病這種信仰是不是草原地帶遊牧
民族先有？有沒有可能是源自印度？猴子在印度非常重
要。在印度的很多傳說故事裡都有，包括孫悟空就和印
度傳說大有關係。所以，也有可能源自印度，再傳入草
原。我相信應還有很多其他的線索，目前還不能完全掌
握。今天雖然提出了一些想法，還有很多深入研究的空
間，歡迎大家一起努力。

附圖丁　甘肅酒泉丁家閘五號墓壁畫

附圖戊　山西太原北齊婁睿墓壁畫

附圖己　漢長陵附近出土陶猴

三、您討論馬與猴子的關係有兩條線索，一條是猴能避馬疫，
　　另一條是「馬上封侯」的觀念。您在分析這些圖像的時
　　候，是把一部分歸到猴能避馬疫系統，另一部分歸到「馬
　　上封侯」系統。實際上，秦漢時期這兩種觀念都有，那
　　您在處理圖像材料的時候，如何區分和辨認它們到底屬
　　於哪個系統？

答：我的講述的確是有兩條線索。這兩種觀念在漢代都出現
　　了。需要再說清楚的是，二者到底哪個想法在前，哪個
　　想法在後。在我的那篇文章〈「猴與馬」造型母題──一
　　個草原與中原藝術交流的古代見證〉的結論部分我提到
　　了這個問題。依照我目前所看到的材料，我個人的假設

是，戰國時期猴能防馬疫的想法可能比較早，利用「馬上封侯」這個概念製作一些工藝品應出現得比較晚。

我們現在所見陶、石質「馬上封侯」圖，年代上大多屬於東漢時期。在具體分析圖像時，如何區分這兩個系統，需要回到材料的脈絡，看它是出現在什麼樣的場域或上下文的脈絡裡，依此判斷它可能的意義。正如剛才所講，猴與馬的關係本來有一定的涵意，但當它流播到不同的文化場域或出現在不同的文化脈絡裡時（例如不同的宗教、圖飾系統……），可能會產生或被附會上新的意義，但舊的意義不一定消失，由使用者各取所需。

長久以來，對於沒有文字可據的圖像，大家常單取一種觀點，一種解釋。可是我覺得同一圖像，其意義可以隨著時間，不斷變化或堆疊。原來的意義可能逐漸減弱，新的意涵逐漸增強。比如「馬上封侯」，今天如果大家到河南南陽去，那裡有很多玉器工廠，製造很多以「馬上封侯」為主題的玉器。你問當地人這些玉器的意義，他肯定會說它們象徵升官發財，大概不會說猴騎馬造型的玉器是用來防馬生病。但如果到陝西的鄉間，當地的老鄉可能會為你說上一段自祖父的祖父流傳下來的故事，告訴你為什麼拴馬柱上要刻隻猴以防馬病。現在的人們不一定真的還相信猴能防馬得瘟疫，但就像排在太原寶晉會館停車場前的拴馬柱，它可能僅僅是懷舊復古的擺設，也可能是古老信仰的最後一絲餘韻。

第二講
想像中的「胡人」
——從左衽孔子說起

2000 年我曾經寫過一篇文章討論左衽孔子這個問題。這些年來，持續關心，蒐集到一些新材料，也有些新想法。十二年後，利用這個演講的機會做一次報告。報告主要分成三個部分，都和歷史上的胡、漢認同問題有關：

1. 衣衽在傳統中國是一個重要的認同符號。關於這一點將從左衽的孔子說起。
2. 認同有不少是在異文化相遇或文化發生衝撞時，才被逼出來或被強化的。入主中原的胡人如何面對文化的衝撞？如何塑造自己的形象？關於這一點將以北魏、北齊貴族墓壁畫為例來探討。
3. 華夏之民筆下和畫中的胡人形象，有單一化、簡單化和格套化的特色；有些有根據，有些出於想像。討論將聚焦在古代胡人的髮式和帽子上。

➤ 左右衽──關係重大的認同符號

請先看一幅大家非常熟悉，收藏在山東曲阜的明代絹本孔子畫像（圖 1）。現在中學課本常用這幅像。大家如果稍微注意，可以看出他的衣襟是右衽的。古代衣服的前襟通常有左右兩片，左側的前襟在前，掩向右腋，右側的於內，掩向左腋，就是所謂的右衽；反之，就是左衽。今天的人大概不會注意這麼小小的細節，但衣服的左、右衽在古代卻是文化

認同的重要符號，甚至被認為關係到文化生死存亡。

　　華夏諸國不知從何時起，衣襟一律右衽。我曾試著查找自商、周以來至漢代各種金、銅、陶、玉、骨、漆等等器物上，凡有衣襟可見的各式人物像，除了玉器（尤其是佩掛的玉飾）因設計講究對稱而有左右衽，其餘幾乎沒有左衽的。陝西臨潼秦始皇陵陪葬坑出土成千兵馬俑，湖南長沙馬王堆西漢初長沙王墓群出土大量衣物，凡有衣衽的一律右衽，就是最具體的例證（圖2）。東漢石刻上人物很多，姑以有明確榜題的孔子像為例。畫中的孔子頭戴進賢冠，身上就明確穿著右衽之衣（圖3）。

　　孔子是華夏文化的象徵。圖像中孔子的衣著，從古代到現在，基本上都是右衽，只有在遼、金、滿清這些少數民族統治中國的時期才變成左衽。不過有趣的是，漢代視覺藝術中呈現

圖1　山東曲阜藏明代孔子畫像　　圖2　長沙馬王堆漢墓出土右衽衣服

圖3　山東省博物館藏有「孔子」榜題的漢畫像石及局部放大

圖4　傳唐吳道子畫孔子像

的孔子造型，並沒有成為後世的樣板。據我所知，孔子像有非常多的造型版本；明清以後的孔子像，一個較重要的來源是北宋政和八年（1118年）的畫像，據說祖於唐代吳道子所畫（圖4）。

2006年孔子基金會為宏揚孔子文化，曾雕塑了一個新的標準孔子像，立在基金會門前（圖5）。2011年北京國家博物館前，也聳立過一個不一樣的孔子銅像（圖6），三個月後卻被遷移到博物館內一個不容易被見到的角落。請大家注意，這兩件造像

圖 5　孔子基金會　　圖 6　北京國家博物館前孔子像（目前
孔子像　　　　　　已移置館內院中）

的衣衽，一件較受傳統造型的影響（圖 5），清楚展現右衽；
一件較具現代感（圖 6），完全無意表現衣衽的左右。

　　今天的人覺得衣衽左右無關痛癢，設計孔子像時，可以
完全不去考慮衣衽的形式。在古代這可是象徵文化存亡的大
事。孔老夫子曾經說過一句名言：「微管仲，吾其被髮左衽
矣。」他推崇管仲，一個很重要的原因，是當時的華夏諸國
受到戎狄的威脅，齊桓公在管仲的襄助下，大會諸侯，力抗
戎狄。《論語》裡這句話的意思是說：如果沒有管仲的話，我
們就要像戎狄一樣披頭散髮，穿左衽的衣服了。

　　孔子原本用「被髮左衽」概括那時戎狄的外貌和服飾上
的特徵。他後來成了聖人，具有無比的權威，他說的「被髮
左衽」也成了不可動搖的典範語言。大家翻翻歷代的經書注

解，可以看到不少人闡釋這句話，卻幾乎沒有人懷疑「被髮左衽」這話的權威性。歷朝歷代士大夫議政，尤其討論涉外關係時，常不假思索地套用這個典範詞彙去形容「非我族類」。

今天我想從歷史學的角度，考察一下這個經典性的認同符號。首先是孔老夫子以「被髮左衽」形容戎狄，有沒有事實上的根據？

孔老夫子說的是春秋時代的戎狄。當時各式各樣的戎狄和華夏諸邦雜居於中原。西元前六世紀中，也就是約略稍早於孔子出生的時代，有一位戎人的領袖駒支曾對晉國的范宣子說：「我諸戎**飲食、衣服**不與華同，**贄幣**不通，**言語**不達……」（《左傳》襄公十四年）。如果這真是戎人說的話，反映出那時的戎不僅在衣服上，在飲食習慣和語言、禮節上都和華夏之民有所區別。孔子一生周遊列國，不無親見戎狄的機會。大家一定熟知那個苛政猛於虎的故事。這個故事據漢代劉向《新序》的說法，是發生在孔子北去山戎氏的路上，見婦人哀哭，問她原因，而後發出苛政猛於虎的感歎。如果孔子曾親眼見過山戎，那麼他以被髮左衽形容戎狄，應該不會全沒根據。

不過就在春秋戰國之際，中原北方草原地帶發生了至今不能完全明瞭的變化。中原諸國接觸到的非華夏之人，已頗不相同，為他們取了個概括性的新名字——「胡」。如果仍然用「被髮左衽」形容胡，難道說胡人和戎狄的外貌衣飾特徵沒變？2006 年在甘肅張家川馬家塬發現戰國晚期，判斷可能

圖 7.1　張家川馬家塬鉛人俑

圖 7.2–3　張家川馬家塬大角羊和虎咬羊金飾

屬於西戎的墓群裡出土了鉛人俑。其中有一個較完好，頭戴
尖頂帽，身穿十分清晰的左衽衣（圖 7.1）。墓群陪葬品中另
有大量和草原文化關係密切的玻璃器和金器（圖 7.2–3）。現
在我們還須要更多的材料，才能弄清胡人興起後，和草原接
壤的中原北方，無論諸夏或戎狄，在文化上的變化。不論如

何，左衽鉛人俑應有其淵源，仍可在某種程度上佐證孔子說的戎狄左衽。

我今天並不想去考證戎狄或胡人到底真正是什麼樣子，而想談談不斷和外族接觸的華夏之人，通常是如何去為「非我族類」塑造形象。塑造的形象和真實的形象往往有距離，不必然是一回事。真實的形象很難稽考，塑造的形象則反映在兩大類材料上：一大類當然是歷朝歷代的文獻，另一大類是傳世或出土的圖像性材料，如繪畫、石刻、塑像等等。

傳統中國士大夫掌握著文獻書寫的大權。他們奉孔老夫子為聖人，凡是他說過的就變成了不可動搖的框架。稍稍考察歷朝歷代的文獻，不難發現「被髮左衽」、「左衽」加上「椎髻」、「斷髮」、「斷髮紋身」等少數詞語，常常成為貼在非我族類身上的標籤，將外族幾乎都「框」成既定的樣子。我們如果不自覺，很容易就會被標籤所左右。從春秋戰國到秦漢、魏晉南北朝、隋唐，中國北方的草原民族來來去去、此起彼落，難道他們的外貌都可以「被髮左衽」等簡單的詞語來概括？稍稍一想，就知道問題應該不是這麼簡單。

有趣的是古代的畫工、石匠沒有讀那麼多聖賢書，被孔聖人「框」得沒那麼嚴重。他們甚至自有一個祖師爺傳下的粉本傳統，創作出他們自己想像的戎狄或胡人。文字和圖畫這兩大類材料反映的「外國人」，簡單地說，有異有同。不論異同，非常重要的共同點是這些材料都是「我群」所留下的，是從我們華夏的觀點來看這些非華夏之人的長相模樣。那麼，

非華夏之民或所謂的「胡人」，他們是怎麼塑造自己的形象呢？華夏之人看他們與他們看自己有沒有區別？是另外一個有趣的問題。

　　從文獻和圖像討論歷史上的華夷之辨，如果用今天流行的話來說，很大一部分可以說是和民族認同問題有關。這正可以幫助我們反思，我們今天應如何去看待所謂的「中國」和「非中國」。

二　左衽孔子

　　十幾年前我對這個問題感到興趣，是因為閱讀顧炎武《日知錄》引起的。《日知錄》卷二十九「左衽」條徵引了兩個宋代的故事：

> 周必大《二老堂詩話》云：陳益為奉使金國屬官，過滹沱光武廟，見塑像左衽。岳珂《桯史》云：至漣水宣聖殿，像左衽。泗水塔院設五百應真像，或塑或刻，皆左衽。此制蓋金人為之，迄於國初而未盡除。

陳益是南宋時一位奉使北方使者的隨員。大家都知道漢光武帝龍興於河北而後定天下，河北滹沱河某地因而有座光武廟。陳益經過這，發現廟中光武帝的塑像竟然是左衽。岳珂是岳

飛的孫子，帶著軍隊北征，奉命犒軍，到了漣水，也就是今天江蘇清江市東北一帶。宣聖殿是孔廟的一殿，他看到廟中塑像都是左衽。後來到泗水，佛廟裡的五百羅漢像，有塑有刻，衣制也是左衽。顧炎武在他的書裡說「此制蓋金人為之，迄於國初而未盡除」。所謂國初指的是大明初年。換句話說，《日知錄》指出自金代至明初，都流行左衽。

顧炎武《日知錄》僅摘錄了《二老堂詩話》和《桯史》的幾句，沒有多說。我去查了一下《二老堂詩話》和《桯史》原書，多發現了一點消息。陳益是在宋孝宗淳熙年間（1174～1189年）奉使金國，出使後曾有兩句詩：「早知為左衽，悔不聽臧宮」。「悔不聽臧宮」有個漢代的典故。臧宮是東漢光武帝時代的名將。東漢初建國後，對北方的匈奴採取退縮的政策，一方面廢棄或後撤北方的郡縣，遷移人口到內郡，一方面允許南匈奴移居長城以內。臧宮認為不應如此退讓，建議漢光武帝北征匈奴。陳益借臧宮當典故，感慨沒聽臧宮的話，華夏之民才淪落到被迫更改衣冠。顧炎武沒引這兩句詩。

岳珂的《桯史》裡還有幾句顧炎武也沒引：「城已焚蕩……在十哲之傍，視像設皆左衽，相顧浩歎……。」宣聖殿是孔子之殿，十哲是配享孔子的。如此說來，「像設皆左衽」豈不是說孔老夫子也改穿左衽的衣服了嗎？

陳益和岳珂在不同的時間和地點，看到並只記錄了衣衽左右這一點相同的現象，棄其他塑像的特徵於不顧，這證明：

第一，衣衽左右應是他們最敏感或最關注的焦點。

第二，他們受到孔子權威的左右，認為左衽是關係文化存亡，令人浩歎的大事。

第三，女真人建的金朝確實採行了不同於華夏傳統的衣冠之制。

這是不是可以從其他資料得到印證呢？可以。其他文獻和圖像資料真的可以證明他們的觀察。不論是契丹人建立的遼或女真人建的金朝，衣制確實尚左：

第一，《遼史‧儀衛志》記載遼太宗曾訂衣冠之制，有北班國制和南班漢制之分，其國制的特點之一即「衣皆左衽」。

第二，在遼墓壁畫和遼代雕刻裡果然看到遼人的左衽衣裝（圖 8.1–3）。金人的服飾也是左衽。河南登封王上村一座金墓的東壁上，繪有牽牛的白衣人與閒坐的黃衣人對語的壁畫，兩人的衣襟都是左衽（圖 9）。在黑龍江阿城巨源金代齊國王墓甚至出土了左衽的衣服實物（圖 10）。

第三，宋寧宗開禧二年（1206 年）金人陷大散關，十二月金人封拜向金求和的宋四川宣撫副使吳曦為蜀王。三年，吳曦僭號，稱王於興州。《宋史‧叛臣傳》記載他僭號後所做的第一件事是「議行削髮、左衽之令」。可見削髮和左衽確實是金人的國制。吳曦稱王，為討好背後的主子，才議行削髮、左衽之令。

此外，遼人和金人都有髡頭和留小辮的習俗。敖漢旗克力代鄉喇嘛溝出土的遼墓壁畫裡有很清楚的頭頂剃光、兩側各留小辮子的契丹髮式（圖 11）。大家想想，講究夷夏之防

圖 8.1　敖漢旗克力代鄉喇嘛溝遼墓壁畫　圖 8.2　巴林左旗白音烏拉蘇拉木白音罕山出土石雕及局部放大

圖 8.3　赤峰遼墓壁畫局部

圖9　河南登封王上村金墓壁畫中的左衽人物

圖10　黑龍江阿城巨源金墓出土左衽長袍

圖 11　敖漢旗克力代鄉喇
嘛溝遼墓壁畫局部

的宋代使者到北方去，眼見金國治下的大宋故民或孔聖人，
淪落到換上胡服，甚至削了頭髮，豈能不相顧感歎？豈能沒
有「是可忍，孰不可忍」的憤慨？

　　外族政權下不同的服飾習俗一直延續到蒙元和滿清。例
如 2009 年第 12 期《考古》發表的山西屯留康莊工業園區的
元代壁畫墓，壁畫中的男女服飾都是左衽（圖 12.1–3），連
神仙呂洞賓和李鐵拐也都穿著左衽或圓領的衣服（圖 12.4）。
同樣的情況也見於山西蒲城洞耳村出土至元六年（1269 年）
元墓壁畫上的墓主夫婦和侍者（圖 13）。

圖 12.1–4　山西屯留康莊工業園區元墓壁畫

圖 13　山西蒲城洞耳村至元六年元墓壁畫

葛兆光在《中華文史論叢》2006 年第 1 期〈從「朝天」到「燕行」〉這篇論文提到：

> 到了滿人入關以後，滿人所塑的孔子像「皆薙髮左衽，
> 天下之大變也……康熙朝……濂溪書院〔周〕元公塑像
> ……與今時孔子像薙髮左衽，俱為斯文之厄會！」（注
> 引：李德懋，《青莊館全書》卷六十七，《入燕記》上，《燕行錄
> 全集》卷五十七，頁 231）

這是講滿清入關以後，以「小中華」自居的朝鮮使者來中國，
見到孔子和周敦頤居然剃髮左衽，認為簡直是斯文掃地，感
歎「俱為斯文之厄會！」朝鮮使者的感歎正呼應了顧炎武《日
知錄》「左衽」條裡的話：「信乎夷狄之難革也」！

三　右為華夏，左為胡？

　　以上所談的左衽、削髮是遼、金、元和滿清時代的事。這似乎證明了自春秋孔子以來，從戎狄到契丹、女真、蒙古有一個悠久延續的左衽傳統。事實上，事情並不是這麼簡單。如果較全面地考察遼、金、元代的材料，不難發現遼代壁畫呈現的契丹人或左衽或右衽，並不是那麼嚴格。

　　宣化下八里遼墓壁畫就是例子（圖14.1–3）。墓主張世卿是漢人，卻是遼朝的監察御史，其墓中壁畫小兒或披髮，或髡頭留辮，但他們的衣衽竟然或左或右，其他畫中人物也有類似的現象。這僅僅是畫工下筆無意？或當時禁令本就鬆弛？或身為監察御史的墓主及其家人無視於禁令？都值得進一步研究。

　　金墓和元墓壁畫中的人物衣著也非一律左衽，有時甚至左右衽同時出現。例如前引河南登封王上村金墓墓室東南壁上有侍女圖，侍女衣衽即有左有右（圖15）。同樣的情形也見於內蒙古赤峰元寶山元墓壁畫中的墓主夫婦，男主人著右衽，女主人卻著左衽（圖16）。這種例子很多，沒法多舉。

　　更有甚者，根據《元典章》的規定，元代官服明確訂為右衽，元世祖和元文宗等畫像、滿清的帝王畫像都有畫成右衽的（圖17.1–2）。清帝的朝服，如北京故宮所藏雍正朝服畫像，採取了不左不右的圓領（圖17.3）。這是怎麼一回事？

圖 14.1–3　宣化下八里遼墓壁畫局部

圖15　河南登封王上村金墓壁畫侍女衣服左右衽同時存在

圖16　內蒙古赤峰元寶山元墓夫婦壁畫　男墓主右衽，女墓主左衽

圖 17.1　臺北故宮藏　　圖 17.2　臺北故宮藏郎世　　圖 17.3　北京故宮藏雍
元世祖像　　　　　　　寧繪乾隆像　　　　　　正朝服像

因此我不能不懷疑政府規定的禮制和衣冠雖有一定，但在墓室壁畫這樣的私領域，或實際的私人生活中，這些非漢族墓主和他們的家人其實並不那麼在乎衣衽的左右，否則不應該有這樣隨意的情況出現。

　　再稍稍檢查遼、金以前的材料，我感到草原遊牧民族如果不曾和講究右衽的華夏士族接觸，原本可能並不把衣衽左右太當一回事。所謂的「左衽」有沒有可能是非華夏民族在與華夏中原接觸或入主中原後，因文化衝撞，被逼出來的一種認同符號？

　　我有這樣的想法是和過去留學，身處異國的經驗有關。幾十年前在美國留學，校園裡的各國學生會舉辦各自的「某國之夜」。當臺灣學生舉辦「中國之夜」時，女生會烹製各式包子、春捲、年糕、炒飯，穿上留學前就準備好的旗袍，唱一些中國風的民謠。我自己甚至曾惡補了好幾天，在這樣的

場合跳過臺灣原住民舞蹈，以饗各國來客。不論在今天的中國或在臺灣，女同學大概很少會去穿旗袍，我也絕不會去跳這樣的舞。到了異國，你的認同感往往被逼出，也被強化，有時甚至會去硬找一些自己都覺得好笑的符號。這樣也就可以理解，為什麼在華僑社團活動中，有時會看到身穿馬褂和戴著瓜皮帽的美籍華人。

四 被逼出來的文化認同符號

　　從今天回到歷史，再想想一些可能原本沒有，卻被逼出或被強化的認同符號。姑以北朝貴族的自我形象為例。北朝胡族不論匈奴、羯、鮮卑、氐、羌本來都該有自己的衣冠樣式，可惜他們在中原「建國」以前的服飾，今天幾乎沒有材料可以去細考。2007 年在甘肅高臺羅城鄉河西村地埂坡發現的魏晉四號墓壁畫上，居然出現髡頭辮髮，身著短衣，腿纏行縢（綁腿），赤腳打鼓的人物（圖 18）。有人說他們可能是三世紀的盧水胡。姑且不論他們是誰，這裡要強調的是他們的衣裝打扮明顯不同於中土，畫中衣衽稍有遮擋，但仍可看出是近乎尖領的形式。

　　胡人入中原建國以後，可供考察的材料多了起來。山西大同沙嶺出土的北魏太武帝太延元年（435 年）墓是目前最早的北魏紀年墓。墓主出自鮮卑破多羅部，是明確的鮮卑貴族。

圖 18　甘肅高
臺地埂坡魏晉
四號墓出土疑
為盧水胡人物
壁畫

有趣的是其墓中漆棺殘存的畫面和墓主像，竟然保有不少東
漢以來中原墓葬畫像的餘韻。墓主正襟危坐，正面朝前，衣
領部分可惜因殘破，不能完全分辨，但比較像不分左右衽的
對襟或交領。另一件殘片有庖廚畫面，其中人物的衣裝也有
類似的特色 （圖 19.1–3）。這說明製作漆棺的工匠也許承繼
了漢魏以來墓葬裝飾的格套，卻不是很在意於衣衽的左或右。
工匠能這樣不在意，證明墓主及其家人應該也不是很在乎這
些細節吧。1981 年寧夏固原東郊出土的北魏太和年間夫婦合
葬墓也出土了描繪精美的漆棺。棺上不論墓主夫婦或其他孝
子圖中人物的衣衽，也有或左或右，或無以分辨的現象 （圖
20.1–3）。同樣或左或右的現象，也見於河北磁縣東魏茹茹公
主墓壁畫中的女性衣著 （圖 21）。

　　山西太原北齊婁睿墓壁畫是另一個好例子。2012 年我到

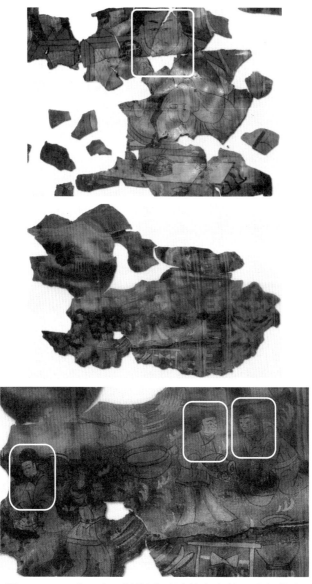

圖 19.1–3　山西大同沙嶺北魏漆棺畫殘片及局部放大

圖 20.1-3　固原東郊鄉雷祖廟村北魏墓漆棺畫及摹本局部

圖 21　河北磁縣東魏茹茹公主墓壁畫局部

山西博物院，非常幸運有機會在庫房裡看到了壁畫原作。婁睿這樣的北齊王侯貴族在自己的墓葬裡採取了和過去很不一樣呈現自己的形式，第一，畫中不再出現漢代官員出巡時那樣前呼後擁的車隊。第二，他們的儀仗隊騎在馬上，披散著頭髮，正是文獻中所謂的「被髮」。第三，請特別注意這些人物的衣衽，線描圖可以看得更清楚，或左或右或不分左右，這意味著他們應該不是那麼在乎衣衽的左右（圖 22.1–2）。

　　再舉一個 2004 年山西太原發現的北齊徐顯秀墓為例。這墓發掘後不久，我恰好有機會進入尚在整理中的墓室參觀（圖 23.1–4），墓室壁畫極其精美，色彩鮮麗。奈何壁畫保存非常困難，據說現在色彩已褪去不少。這墓壁畫上人物的衣裝服飾，大不同於所謂的華夏衣冠。墓室後壁壁畫有墓主徐顯秀夫婦端坐正中，女主人罩袍衣領高翹，衣衽朝右，內著齊脖圓領的衣物。男主人外罩皮裘，頸項兩側圍有貂（？）皮。

圖 22.1–2　山西太原北齊妻睿墓壁畫線描圖

圖 23.1　2004 年作者攝於徐顯秀墓

圖 23.2　徐顯秀墓主室墓主壁畫

圖 23.3　徐顯秀墓主室墓主
壁畫局部　女墓主

圖 23.4　徐顯秀墓主室墓主
壁畫局部　男墓主

圖 24　新疆樓蘭古城出土西元三、四世紀墓室壁畫　持杯碗人物像

皮裘內有一件赭色連身長袍，其衣衽因握杯的右手遮擋，無法辨識其左右，最內又有一層圓領衣。男女冠飾也自成一格，全不同於漢、魏。大家覺得他們在乎左右衽嗎？

　　壁畫用以塑造徐顯秀形象的除了衣冠，實際上，還有一個不同於漢魏墓主畫像的細節──墓主夫婦手中各拿著杯碗狀的容器。這個表現形式在整個歐亞大陸非常流行。例如2003年在新疆樓蘭古城發現了一座西元三、四世紀鄯善王國時期的壁畫墓，其前室東壁就有持碗或杯的人物像（圖24）。再譬如西安出土的北周安伽墓石棺床是研究絲路商人──粟特人的重要材料。石棺床後面的屏風畫裡，有個人手中拿著

一件角形容器，他旁邊是樂舞表演的場面（圖 25.1–2）。這也見於山東嘉祥英山發現的隋代開皇四年（584 年）徐敏行墓（圖 26）和山西太原開皇十二年（592 年）虞弘墓石棺床雕畫（圖 27）。如果比較徐敏行墓壁畫和虞弘墓石棺床雕畫，可以清晰看到這種主人持杯或碗的表現形式，不僅由粟特人帶入中原，也造成胡俗流行，影響到漢人。據墓志，徐敏行籍屬東莞姑幕（今山東沂水東北），應是漢人，曾歷事梁、北齊、

圖 25.1–2　北周安伽墓石棺床及雕畫局部放大

圖 26　隋代開皇四年徐敏行墓壁畫中的墓主夫婦手中各持
一杯，觀賞前方胡旋舞的表演

圖 27　隋代開皇十二年虞弘墓石棺床雕飾局部線描圖

圖 28.1–2　草原石人

圖 29　河南洛陽東漢墓壁畫摹本局部

北周和隋四朝。他沾染胡俗，十分正常。墓中壁畫裡徐敏行
夫婦坐在床上，手持杯碗，欣賞著胡旋舞。其基本場景和粟
特人虞弘墓中所見幾乎一樣。

　　此外，我們知道歐亞草原地帶有很多時代難定的大石人
像，手中也常拿著角形酒器，其名為「來通」(rhyton)（圖

28.1–2）。這樣的酒器從古代地中海地區到中亞一帶十分流行，較早甚至曾出現在河南洛陽的東漢墓壁畫上。壁畫中胡人雙手臂長滿毛髮，手上拿著角形杯（圖29）。關於這件壁畫以前有很多不同的解釋，譬如郭沫若認為它是描述鴻門宴的故事。沒有具體根據，我不贊同。我覺得拿角杯的人物和其旁烤肉的場景都和歐亞草原胡俗有關。不論手握角杯或其他形式的酒器，總體來說，徐敏行夫婦自我展現的方式，除了几榻屏風，其餘多淵源自域外。

　　就目前可考知，歐亞草原帶出土的遊牧民族衣物以毛皮和毛紡物為主，式樣相對簡單，衣襟以簡單的對襟為主，左右衣襟或相對扣繫，或左右相疊壓，以腰帶束緊。1995年尼雅一號墓地第三號東漢中晚期墓葬裡面，男墓主所穿的就是右衽而非左衽衣服（圖30）。所以說，胡人不見得就像古代文獻說的那樣都是左衽。他們的衣服其實可左可右。最明顯的證據是同一個墓葬女墓主的衣服有三層。大家知道古代人下葬時，會穿好幾層衣服。這位女性穿的一層右衽，一層左衽，又一層右衽（圖31）。請問他們到底是尚左還是尚右？很難說吧？

圖30　尼雅一號墓地第三號墓男墓主

但是話又必須說回頭。自從鮮卑人創建北魏，胡、漢文化的衝撞即已開始。尤其是北魏孝文帝從平城遷都洛陽，力行漢化，曾激化鮮卑部族內部極大的文化認同危機。有部分部族人民和領袖固然追隨孝文帝來到洛陽，改鮮卑姓氏為漢姓，但仍有不少堅持自己的部族傳統，未曾南遷，留在平城（今山西

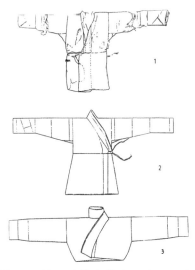

圖 31　第三號墓女墓主所穿三層右左衽衣物

大同），最後爆發著名的六鎮之變。六鎮軍人中止漢化政策，努力重建自己的文化認同。除了崇奉非華夏的佛教，似也曾有意「左傾」，崇尚和華夏相反的左衽衣裝。《南齊書》卷五十七曾記載這樣一個故事。當孝文帝在洛陽改姓氏衣冠時，太子詢（或作恂）大為不樂，想北歸桑乾河。他暗中把孝文帝為他備製的漢式衣冠撕毀，並刻意解開束髮，改穿左衽。文帝為之大怒，廢他為庶人。由此可見當時行漢化，曾引爆頗為激烈的文化衝突，而衣冠、髮式一度成為重要的認同符號。無獨有偶，《文物》2010 年第 5 期發表了山西大同南郊區田村北魏墓發掘報告。這墓出土人物陶俑十件，全是左衽，我在這附了四件（圖 32.1–4）。我猜測這就是因文化認同而被

圖 32.1–4　山西大同北魏墓出土陶俑

逼或被強化的結果。鮮卑人本不在意衣衽，被逼後反而刻意要強調左衽了。這墓的墓主身分不明，但發掘報告的作者比較了其他大同地區的北魏墓，認為該墓出土有忍冬紋的石棺床和陶俑，都和平城上層人物的葬儀有關。由此或可推想，墓主大概是一位留在平城的鮮卑上層人物，其認同無疑和太子詢是同一路的。

　　說到這，必須請大家看看《北齊書・王紘傳》這一段有趣的故事。北方胡人一旦入主中原，面對講究衣衽的華夏士大夫，衣衽的左右確實曾成為一個話題：

　　　王紘……太安狄那人也，為小部酋帥……少好弓馬，善騎謝，頗愛文學……年十五，隨父在北豫州。行臺侯景與人論掩衣法為當左，為當右。尚書敬顯儁曰：「孔子云：『微管仲，吾其被髮左衽矣。』以此言之，右衽為

是。」紘進曰：「國家龍飛朔野，雄步中原，五帝異儀，
三王殊制，掩衣左右，何足是非？」景奇其早慧，賜以
名馬。

侯景這號人物響噹噹，大家都熟悉。他是一個鮮卑化的羯人。
敬顯儁是平陽漢人。王紘是十五六歲的小部酋帥，與侯景討
論穿衣服應該左衽還是右衽。這段記載有兩點值得注意：

第一，為什麼在那個時代，他們要討論掩衣法當左還是
當右？南北朝時，胡人宰制了華北，北朝貴族胡、漢都有，
衣冠應該依從中原的舊制，還是依從胡人的傳統，自然而然
成為一個文化衝撞下不得不面對的問題。

第二，尚書敬顯儁借孔子的話，主張「右衽為是」，王紘
卻說：「掩衣左右，何足是非？」「何足是非」的意思是：「這有
啥關係？」在他看來衣衽朝左朝右，小事一樁，不足計較。侯
景同意這位少年酋帥的意見，認為他答得聰明，賞賜他名馬。

既然無關緊要，為什麼北魏墓會出現一律左衽的陶俑呢？
我猜想就是因為有部分的鮮卑人有較強的文化對抗意識，刻
意要去強調一些和華夏相反，卻又不見得是自己原本擁有的
象徵符號吧。

五 不左不右的圓領、交領或對襟——
胡、漢的妥協方案？

文化衝撞除了激化對抗意識，大家不妨想一想會不會激

出其他的結果？

　　會。我沒去查考文獻，現在僅僅依據圖像資料，作些猜想。人約從鮮卑人拓跋氏入主中原建北魏之初，可能就已經出現了另一種聲音，有意在衣冠制度的認同衝突中，尋找一條能為胡漢雙方接受的妥協方案。這個方案不必是某人建議或某次朝議的結果，而可能是在長期磨合的過程裡逐漸形成的。

　　妥協的產物是一種以不左不右，圓領、交領或對襟為特點的衣制。這種衣領形式應該不是為「妥協」而特別設計，而是採用了原本已經存在的衣式。從北魏墓葬的壁畫和陪葬陶俑身上，可以明顯看到他們的衣領或衣襟有很多採取對襟、圓領或交領（圖33.1–4），而圓領、交領袍在前面所說西元三、四世紀樓蘭鄯善王國時期的壁畫以及敦煌莫高窟北涼時期的供養人壁畫上已可見到（圖24、圖34.1）。四世紀以後，具有這樣特色的衣式明顯流行於北朝（圖34.2–9）。改用圓領、交領或對襟，不就可以避開衣襟從左或從右的困局嗎？在北朝胡漢文化衝撞和交揉的環境裡，這應是一條避免衝突的出路才是。

　　從北魏到元、明，左右衽的衣服固然都繼續存在，但毫無疑問，最顯眼的衣式轉變是漢、魏時代所沒有，圓領罩袍的正式登場，並成為此後唐、宋、遼、金，甚至明代官服的定式。這樣的圓領、交領或不分左右的對襟衣著在從隋、唐到宋、金的壁畫或陶俑身上可以看到極多（圖35.1–6）。沈從文《中國古代服飾研究》和孫機〈南北朝時期我國服制的

圖 33.1　北魏對襟外袍風帽俑

圖 33.2　山西大同沙嶺七號北魏墓
夫婦壁畫局部

圖 33.3　山西大同智家堡北魏墓夫婦壁
畫局部

圖 33.4 山西大同雲波里路北魏墓室東壁畫像

圖 34.1 莫高窟二六八窟西壁北涼供養人

圖 34.2　莫高窟二八五
窟西魏供養人

圖 34.3　　東魏茹茹
公主墓

圖 34.4–5　莫高窟二八八窟東
魏男女供養人

圖 34.6　北齊高潤墓墓主壁畫

圖 34.7-9　北周文官俑

圖 35.1–2　固原南郊小馬莊村隋　圖 35.3　唐代凌煙閣功臣石刻線描局部
代史射勿墓壁畫

圖 35.4　河北曲陽王處直　圖 35.5　宣化下八里
墓壁畫　　　　　　　　遼墓

圖 35.6　井陘金墓墓主夫婦

變化〉一文（見所著《中國古輿服論叢》）都曾指出南北朝到隋
唐圓領服飾的特色，孫機更指出隋唐是繼承了北齊、北周的
圓領缺胯袍和襆頭。但他們都沒有說明圓領、交領袍出現的
原因。

　　以上我試著提出一說，當然很大膽和不成熟。因為某個
時代服飾發生變化，通常會有多方面的原因，不會像這裡所
說的這般單純。例如南朝比較沒有那麼尖銳的胡漢對立，但
南朝墓葬和雕塑的人物，也有很多身著對襟的衣服。這和南
北朝士人反孔門禮教，連帶地不拘於傳統衣冠的風尚或許有
些關係，值得大家再深入探究。

六　髮式和帽子問題

　　剛才談衣服的左右衽，現在談談髮式和帽子。孔老夫子說戎狄被髮，對嗎？不全對，也不全錯。中國古書裡提到不少非華夏之民「斷髮」、「辮髮」或「椎髻」，「椎髻」就是束個椎狀的髮髻。文獻裡提到他們的髮式，卻從來不提他們戴什麼帽子。也許是我查的不夠周全，大家可以繼續察考。

　　就現實環境來講，生活在草原地帶的民族怎可能不戴帽子？天氣那麼冷，零下二、三十度，肯定需要戴帽子。請看這張吉林省博物館藏金代畫家張瑀的《文姬歸漢圖》（圖36）。畫中騎馬的胡人（應該是女真人）在凜烈寒風中前進，頭戴厚厚有護耳的氈帽，仍冷得縮成一團。其中有三人沒戴帽，

圖 36　金代畫家張瑀作《文姬歸漢圖》局部

露出髡頭和風吹飄起的辮子。其中沒戴帽的一人，冷到沒辦法，只得用手臂去遮護頭部。畫中這三人應不是沒帽子可戴，而是畫家為了更明確讓觀眾辨識他們的身分，刻意讓三人露出有外觀特徵的頭部。我們在北魏的陶俑上（例如前圖33.1），經常可見他們都戴著禦寒用的厚厚風帽。但是，中國的士大夫描述戎狄或胡人幾乎完全不提他們的帽子。原因也許很簡單，因為中國人自以為是衣冠之國，中國人戴的冠帽才算帽子，夷狄、胡人戴的哪算帽子？因此不屑一提。

即使戴帽子，帽子之下頭髮披散則應是事實。孔子說戎狄被髮不是全無根據。幾年前在甘肅禮縣秦西垂陵區曾出土一件銅人，上身赤裸，下身穿丁字褲，頭髮披散下來（圖37.1-2）。發掘者相信這銅人或許如史書裡所說，是在這一帶

圖 37.1-2　銅人正背面　甘肅禮縣秦西垂陵區出土

活動的西戎。如果此說可信，它可算是一個春秋早期戎狄形象的代表。不僅戎狄，胡人也披髮。草原出土青銅器中有戰國時代的銅牌飾，其上人物的頭髮直直披散下來（圖 38）。

圖 38　遼寧平崗出土銅牌飾

上一回我們談孫悟空的時候，曾經說過這些青銅牌飾有可能是中原的工匠所做，中原工匠在製造這些牌飾時，為了配合草原遊牧民族的喜好，會模仿斯基泰草原藝術的樣式，但是他們也可能有意或無意地把中原熟悉的一些藝術母題帶進他們的作品。不論如何，這些銅牌飾上的人物形象雖出自中原工匠之手，應在相當程度上反映了草原遊牧民族的樣貌，而且是草原遊牧民族所能接受的自我形象。

草原遊牧民族多披髮，另外一個好證據見於陝西茂陵的霍去病墓石雕。據說霍去病去世，漢武帝為他修陵，為表彰他的戰功，將陵修得像祁連山，並雕了巨大的石獸列於陵旁。其中非常有名的是所謂「馬踏匈奴」像，一匹馬橫跨在一個仰躺著的匈奴之上。2004 年我去參觀時拍了照片，現在將仰躺的匈奴翻轉方向，附在這裡 （圖 39.1–3）。大家可以看到他的正面和側面，頭髮披散，留著長長的鬍子。這是目前所知最早的匈奴形象資料。

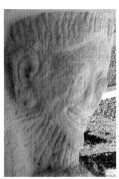

圖 39.1–3 霍去病墓前石雕馬踏匈奴像及倒轉的匈奴像正側面

　　實際上，披髮在整個草原地帶都很普遍。大家都知道俄國冬宮博物館收藏有很多斯基泰風格的草原金銀藝術珍品。舉例來說，在頓河 (Don) 上游沃羅列 (Voronej) 附近查斯帖 (Tchastye) 塚墓出土的西元前四世紀金銀合金器雕飾中，和在庫耳‧歐巴 (Kul Oba) 塚墓出土的金項圈上都可看到所謂的斯基泰遊牧民族，都披散著頭髮（圖 40.1–3）。

　　再說帽子。在古希臘重要的歷史著作，希羅多德的《波希戰爭史》裡曾有這樣一段著名的記載：

　　沙卡人 (Sacae, Saka) 或斯基泰人，穿著長褲，**頭戴一種高而尖頂的帽子**。他們配備具特色的弓和短劍。此外，他們也使用一種稱之為沙格瑞的戰斧。他們事實上是阿米奇‧斯基泰人。可是波斯人稱他們為沙卡人，因為波斯人稱呼所有的斯基泰人為沙卡人。

圖 40.1–2　查斯帖出土合金罐及局部

圖 40.3　庫耳・歐巴出土金項圈兩頭末端騎士像

這是最早描寫這些所謂「沙卡人」（或譯「塞人」）、「斯基泰人」的文獻。在黑海以東草原地帶和中亞出土的器物或石刻上，都可以看到這些斯基泰人的形象。比較早的是西元前510 年左右，描繪波斯王大流士戰爭勝利的「貝希斯敦石刻」（圖 41），畫面中有很多俘虜，右側最末尾一個就是沙卡人。從它旁邊有的銘文，可以非常清楚的知道所描繪的是沙卡人，

圖41　貝希斯敦石刻及敏思 (E. H. Minns) 所作局部線描圖

他戴著一頂尖頂的帽子，與希臘史家希羅多德在文獻裡所描寫的幾乎一樣。所以，我們知道西亞那一帶，在西元前六世紀，當他們描繪沙卡人的時候就給他戴上一頂尖頂帽子。

可是，我們不知道這樣的尖帽是基於什麼因緣，竟然出現在春秋中晚期的中原。前一講曾提到甘肅出土的一個骨質雕管上，有戴尖帽射獵的人（參第一講，圖25）。這一講先前也提過甘肅張家川馬家塬戰國墓出土的鉛質人俑，他的頭上有個尖頂帽（參圖7.1）。古代歐亞大陸上有太多文化流播和相互關係的謎團，到現在還無法破解。

不論如何，我認為在戰國時期，尖頂帽在中原工匠手中，已逐漸成為一種刻畫北方草原遊牧民族的形象符號，有固定化、模式化的趨勢。這從戰國齊國臨淄出土的瓦當上能夠看得十分清楚。第二次世界大戰前，日本學者關野貞在山東臨淄做調查時曾收集到（圖42.1），北京大學賽克勒博物館也收藏有這種瓦當（圖42.2），十幾年前在臨淄桓公臺更有真正的出土品（圖42.3）。瓦當上的騎士一律都戴著稍微向前彎的尖頂帽。

圖 42.1　關野貞所獲臨淄瓦當

圖 42.2　北大賽克勒博物館藏臨淄瓦當　作者摹本

圖 42.3　臨淄桓公臺出土瓦當拓本

　　尖頂帽在戰國時期成為藝術表現的一種格套以後，漢代的畫工、石匠基本上繼承，形成了一個傳統。當他們要刻畫胡人的時候，就給胡人戴上一頂尖頂帽，不管漢朝所面對的胡人是不是就是這樣的裝扮。大家千萬不能依據這些圖像，就認定漢代胡人真的就戴這樣的帽子，而且就只有這一種帽式。

　　格套在工藝美術上有其存在的必要性和方便性。當它一旦為大家所接受，它便於工匠大量製造，也便於觀賞者一眼就能辨識。因此格套形成以後，很不容易改變。胡人的形象

模式就是這樣。一旦形成，不論石匠、畫工或觀賞者往往不去計較真實胡人的長相，反而接受這種想像中，模式化的胡人。這就好像京戲裡曹操一定是白臉，關公一定是紅臉；不這樣裝扮，演員和觀眾反而都無法接受。文獻中的「被髮左衽」和圖像裡的「尖頂帽」，強調的不同，其同為模式化的語言，則沒有兩樣。

漢代圖像裡的尖頂帽例子太多。我們先再舉幾個例子，接著談它的來歷。

第一個例子是前一講提過的山東長清孝堂山祠堂石刻上的「胡漢交戰圖」。在上面有非常清楚的「胡王」榜題（參第一講，圖 28.1-2），這些人頭上戴的都是微微朝前彎的尖頂帽。

第二個是山東微山出土有榜題的畫像石。現在刊布的拓片都不夠清晰。幾年前我跑到微山，請微山文管所的楊建東先生幫我打了張拓片，相當清楚（圖 43.1-2）。這三字在畫中騎大馬、戴尖帽騎士的頭部右側，提示騎者是胡人將軍。我看過原石榜題，原字比拓片還要更清楚一些。

在河南洛陽金村發現的畫像磚上有騎馬射獵圖。騎士頭上戴著微微前彎的帽子（圖 44）。在山東省石刻藝術博物館，可以看到一個 3 公尺高的漢代石人像，原來有高鼻，鼻子已經損壞，眼眶刻得很深，最重要的是其頭上有向前微彎的尖頂帽，帽尖的部分已稍損壞，原本可能更高一點（圖 45.1-2）。山東臨淄也曾發現一個 2.9 公尺高的石人像，也戴著尖頂帽（圖 46.1-2）。由此可見，尖頂帽在漢代確實是刻畫胡

圖 43.1　山東微山漢畫像石拓片局部　圖 43.2　「胡將軍」榜拓

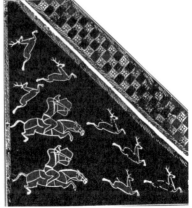

圖 44　洛陽金村畫像磚

圖 45.1–2　1992 年與
焦德森先生合影於石
像前及石像正面照片

圖 46.1–2　山東臨淄發現的
胡人石像

人不可少的元素。

　　除了河南、山東，陝西神木大保當漢畫像石上，也有戴著尖頂帽的人牽著一匹駱駝（圖 47）。在四川郫江塔梁子三號漢墓出土的帶彩石刻上，有絡腮鬍子的人物頭上戴著略微有些尖頂的紅色帽子（圖 48）。

　　尖帽胡人的例子夠多了吧？現在談談它的來歷。先前曾提到在黑海北岸出土的器物上看到披髮的斯基泰人，其實他們也戴尖頂帽（圖 49.1–2）。

圖 47　陝西神木大保當漢畫像石

圖 48　四川郫江塔梁子三號漢墓出土石刻

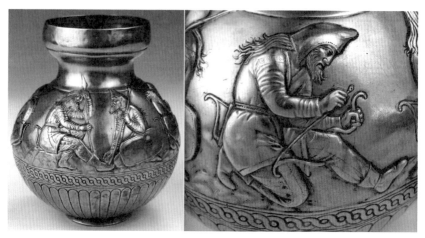

圖 49.1-2　庫耳・歐巴出土合金罐及另一側局部

　　這種微微前彎的尖頂帽在整個古代地中海世界都常見到。2005 年我在大英圖書館和博物館看到不少西元前七、六世紀義大利伊特拉斯坎人的一種銅製骨灰罐。罐頂常用想像中的亞馬遜人當裝飾 （圖 50.1-4）。西方史學之父希羅多德的書裡提到黑海那一帶有遊牧的亞馬遜人，是斯基泰人的一支，由女人統治。她們非常驍勇善戰，為了便於騎射，據說她們甚至不惜切除一個乳房。不論如何，想像中的亞馬遜人或者斯基泰人的一大特色就是都戴著尖頂帽。

　　由以上可以看出，自戰國到漢代所想像和描繪的北方草原遊牧民族，其形象其實有一個空間上極為遼闊、時間上極為悠遠的淵源。從地中海、黑海到中原，中間須要有證據的鎖鍊串聯。我在以前的論文裡曾舉出不少中亞、印度等地一連串的證據。今天無法都說，僅舉兩件在新疆出土的實物證據。

圖 50.1-2　伊特拉斯坎銅製骨灰罐及作者線描圖

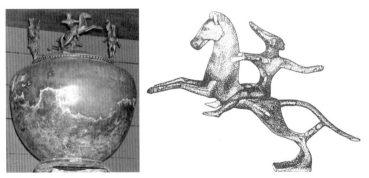

圖 50.3-4　伊特拉斯坎銅製骨灰罐及作者線描圖

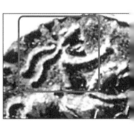

圖 51　扎滾魯克出土尖頂　　圖 52　尼雅出土織錦尖頂帽　　圖 53　貴霜錢幣局部
氈帽

　　1985 年新疆且末扎滾魯克五號墓曾出土一頂尖頂氈帽（圖 51）。多年前曾在上海博物院展出過。我去新疆時沒看上，反而在上海看到。1995 年在新疆尼雅一號墓地的第八號墓出土了一頂織錦尖頂帽，帽尾有帽帶（圖 52）。這頂帽子的樣子，和中亞貴霜王國錢幣上看到的國王頭冠幾乎一模一樣（圖 53）。講到貴霜的金幣，趁此機會向大家介紹上海博物館中亞錢幣的收藏，在全中國獨一無二。大家在這些貴霜金幣上，可以看到國王頭上戴的都是尖頂帽。

　　綜合以上這些，地中海世界、黑海，西亞、中亞到中國的一些線索得以串聯起來。因此，或許可以說草原遊牧民族和綠洲國家成為了傳播媒介，在漫長的歷史過程裡，尖頂帽竟然變成受草原斯基泰文化影響的民族一個共通的標幟。我們至今不明白它為何會成了共同的標幟，但它出現在古代中國的北方，則是事實。例如抗日戰爭前日本學者在熱河一帶做考古調查時，發現了一個應屬戰國時期的騎士銅像。騎士在馬背上彎弓射箭，頭戴尖頂帽（圖 54）。這種形象與西元

前四至三世紀，黑海北岸庫耳‧歐巴塚墓出土的斯基泰金器
上的人物形象相當類似（圖55）。

　　剛才說的例子全戴著尖頂帽。難道胡人就只有這一種帽
式？顯然不是。實際上，在整個草原地帶可以看到各種各樣
的帽子。例如在內蒙古諾音烏拉著名的六號墓（到底是不是匈
奴墓，還有爭議，但一般都把它說成是匈奴墓）裡，就曾發現各式

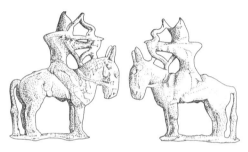

圖54　熱河一帶發現的銅製騎射像正背面　圖55　庫耳‧歐巴出土
作者摹本　騎射像

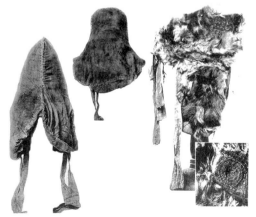

圖56.1-2　內蒙古諾音烏拉六號墓出土的帽子

圖 57 鄂爾多斯出土金冠飾

各樣，各種質料的帽子（圖 56.1–2）。鄂爾多斯曾出土一頂金冠飾，冠頂有黃金和寶石鑲成的鷙鳥（圖 57）。這當然不是一般人的帽子。大家可以想像它原來的形狀，也和我們前面說的尖頂帽不太一樣。有趣的是，在內蒙古鄂托克旗鳳凰山西漢晚期一號墓壁畫裡，出現了圓盤帽，旁邊還插了個羽毛（圖 58）。畫中這些是什麼人的帽子，今天還講不清楚，顯然它同所謂的尖頂帽不一樣。在新疆羅布泊小河墓地墓主的頭上也戴有

圖 58 內蒙古鄂托克旗鳳凰山西漢晚期一號墓壁畫

圖 5.9.1–6　新疆出土各式帽子

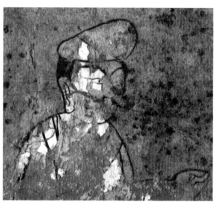

圖 60.1–2　甘肅高臺地埂坡魏晉四號墓壁畫局部

這樣的帽子，旁邊插著羽毛。在其他新疆古墓中還可以看到各式各樣的帽子，方、圓、扁、尖、平的都有（圖 59.1–6）。最後舉一個 2007 年在甘肅高臺地埂坡魏晉四號墓見到的壁畫（圖 60.1–2）。壁畫中有各種裝束的人，其中兩人明顯是胡人，帽子卻各有特色，一尖，一扁圓。

七 結　語

　　以上舉這些例子的用意，是希望大家瞭解這些民族的服飾實際上非常複雜，衣服的形式各不相同。當華夏畫工和石刻匠要描繪他們的時候，往往找其中最具特色或最足以區別華夷的，建立一個戎狄或胡人的「標準像」或「標準印象」。

　　為什麼會這樣？原因很簡單。這好像我們今天也常常在

很多民族或國家的頭上加上固定的形容詞，或以刻板的印象去描述他們。譬如說，一提到日本人、韓國人、北朝鮮人、臺灣人、德國人、法國人、義大利人、美國人，你馬上會有固定刻板的印象在腦中浮現。這些刻板印象是在一個文化中生活久了，不知不覺上身的。你可能一輩子沒接觸過一個韓國、日本或德國人，根本不知道他們真的各有什麼特點，因此也不會去懷疑這些不自主上身的印象是對是錯。「模式化」其實是人類認知活動和學習很基本的一種方式。它不只存在於視覺藝術，也存在於語言、文字。「尖頂帽」是視覺藝術的一個例子，「被髮左衽」就是語言文字的一個例子。模式一旦形成，久而久之就會變成難以改變的刻板印象。

　　總結來說，中國人從非常古老的時代開始，就把衣冠服飾當做一個非常重要的認同符號，凡我族類，就應該有這樣的衣冠，也是用來區分「我群」與「他群」的符號。因此，為什麼要堅持所謂的右衽，為什麼成年要行加冠禮，其實都跟文化認同有關。相反，當中國人去描述那些衣冠不同的人，往往戴著有色眼鏡，篩選過濾，把他們全概括成「被髮左衽」，雖然現實並非如此。傳統上，中國人對「非中國」的實像，往往漠不關心。這就是為什麼傳統的二十五史，凡〈外國傳〉幾乎都是一代抄一代，大同小異。如果大家翻翻明朝著名的百科全書《三才圖會》，在記述外國的部分居然還抄收了很多《山海經》裡稀奇古怪的國家。

　　如果大家能把過去的事和當前的問題聯繫起來，在具有

時間縱深和空間廣度的「經驗大數據」中尋找問題的答案，相信歷史不僅僅是一幅幅立體的畫面，更是智慧的寶庫。從前面所說可以看到，中國人長期以來關切的是中國自己，認為只有中國有文化，是天朝上國，由此產生一種要命的心態，就是大漢沙文主義。這種自我中心的心態並非中國人獨有，但今天從左衽孔子扯到這，多多少少是希望提醒大家，我們應如何自覺地去克服看事情的刻板印象，開放自己的心靈，去公平對待今天這麼一個全球化的時代。

附記：

　　詳細討論請參邢義田，《畫為心聲》（北京：中華書局，2011 年）所收〈古代中國及歐亞文獻、圖像與考古資料中的「胡人」外貌〉一文。

◇·◇·◇·◇·◇·◇·◇·◇·◇·◇·◇·◇·◇·◇·◇·◇·◇

主持人（芮傳明）：非常感謝邢先生的報告，給我們很多資訊，也給了我們很多啟發，包括我自己也有了一些想法，相信大家也是。剩下時間留給大家請教。

問　答

一、剛才您的圖片裡提到了甘肅禮縣秦西垂陵區的銅人，現
　　在對秦人的族源有很多解釋，有東來說，也有西來說，
　　不知您怎麼看待這個問題？

答：這是一個現在非常熱門的問題。前一陣子在清華簡《繫
　　年》裡發現了新的資料。李學勤先生對此作了研究。根
　　據新材料，他比較傾向於東來說。本來《史記》就說秦
　　人與趙有關係，北大簡裡有一篇〈趙正（政）書〉，「秦
　　王政」被稱為「趙政」。如果這個資料可靠的話，也似乎
　　印證了《史記》的記載。現在當然是東來說占上風，西
　　來說好像一下子氣焰下去了。

　　但是這個問題我覺得恐怕還沒有到最後定論的時候。因
　　為自王國維提出西來說，早期有蒙文通等學者贊同，現
　　在有不少考古學者，從考古證據上看，能夠找到的所謂
　　秦人墓，最早是在甘肅禮縣、天水這一帶，再早的就很
　　難追溯了。因此，也有人提出這樣一個看法，上層的統
　　治者說不定從東方來，但是他們所統治的所謂的秦人，
　　卻又是今天甘肅天水、禮縣一帶的當地人。我覺得這個
　　問題目前還不好一言而定。清華、北大簡出土情況不清
　　楚，應如何運用它們於歷史解釋，須要小心斟酌。

二、目前在四川和湖南都發現了兩漢時期的胡人俑，在其他
　地方是否也有發現？

答：胡人俑出上不少，有各種材質的。1994 年，我在山東臨
　沂等地的文物管理所裡看到很多立體透雕的石人，裡面
　有不少是胡人。當年我去河南偃師商城博物館參觀，原
　本是為了看別的文物，沒想到在博物館後院看到一疊一
　疊的漢代畫像石堆在一起。那些石頭奇重無比，當時根
　本沒辦法看。一直到今天，還沒看到這些資料整理公開。
　其實上次演講的時候我忘了提一件事情。我感覺做中國
　歷史研究，不能只根據已經出版的，因為還有太多的材
　料遍布在各地，沒人留心。我到處旅行，發現居然有太
　多的東西都躺在那裡，一轉頭就有材料。有些保存的情
　況不是很好，令人擔心。所以說，要討論某個題目，除
　了注意已刊布的，最好能做田野調查。胡人俑可能到處
　都有，只是有很多我們不知道而已。

第三講
希臘大力士流浪到中國？

「希臘大力士流浪到中國?」當然是一個噱頭式的標題。

我要說的是他的藝術形象或造型,如何輾轉流傳到中古中國,融入唐代的雕塑藝術中。今天講這個題目,像前兩講一樣,是以將近十年前所發表過的論文為基礎,加上新的材料和想法,再一次請大家指教。此外我也想藉由這個題目將大家對歷史的想像擴大到中國以外。歷史問題的探討和歷史畫面的建構,常常須要時間縱深的挖掘和超越空間邊界的追索,使畫面變得更為豐富、立體、廣闊。

➡ 開場白

歐亞大陸上的各個文明區域之間在非常早的時候就有頻繁的交往,相關論述非常多。有些論述看起來似乎煞有其事,但當我們進一步追問,常會發現:出於揣測的居多,一則不交代文化交流中間的環節或線索,二來也不顧這些環節或線索在時間上是否存在矛盾。

我總覺得我們不能在東邊看見一樣東西或現象,在西邊看見類似的,就說它是從東傳到西,或者從西傳到東。不交代其間的環節和過程,說得再多,也缺乏說服力。今天我嘗試做一些小小的努力,看看能不能舉出一些例證,找到一些線索,用以說明古代歐亞大陸的兩端,在千百年漫長的歲月裡,確確實實發生過一些不可思議的文化交流。

　　文化交流存在於不同的層次。有些可納入思想層次，比如佛教、祆教、死後審判、天堂地獄、善惡鬥爭不息等等宗教觀念進入中國；中國的儒家思想和經典傳到朝鮮、日本和越南；有些可屬文化或藝術層次，例如幻戲、樂曲、石窟藝術等等；有些屬於器物或物質層次，例如日常生活裡的蔗糖、葡萄酒、棉花、樂器等等。中國與域外之間有不同層次的交往，裡面有各種各樣錯綜複雜的關係，線索通常零落片段，很不容易勾稽釐清。

　　即便證據十分零落片段，要為文化交流建立具有說服力的說法，我覺得第一，須要盡一切可能從時間和空間上，合理地交代中間的過程和線索，說明證據之間的關聯；第二，要能說明文化流播背後的動力，是什麼因素或力量在推動流播？是什麼人在充當流播的媒介？

　　如果能釐清這兩點，也許才比較能夠說服大家。

　　今天要舉的例子是在西方家喻戶曉，在希臘神話和雕塑、陶瓶藝術裡經常看到，很受歡迎的大力士──赫拉克利斯(Heracles)。這位大力士的藝術造型曾經從遙遠的希臘來到唐代中國。聽起來，是不是有些不可思議？

　　如果看地圖，從希臘到中國，直線距離有七、八千公里（圖1）。古希臘傳說中的一位大力士，怎可能「流浪」這麼遠，來到中國？要證明這件事情，須要提出證據：是在什麼時間，大致經由怎樣的路線，基於哪些因素或推動的力量，帶領他離開地中海，進入大唐地界。

圖 1　希臘和中國地理形勢圖

　　談這個問題，有關的文獻很少。證據或線索主要是些和他相關的視覺性資料，例如石刻、塑像、壁畫、錢幣等等。

　　赫拉克利斯引起我的興趣，最早的因緣是 2000 年我到西安的歷史博物館參觀，看見西安洪慶出土的一尊唐三彩武士（圖 2.1–3）。頭上戴著一頂獸頭帽，帽沿兩側各有像虎或獅的帶爪前肢，交叉在武士胸前。

　　來復旦演講前一個禮拜，我的一位好朋友謝明良教授在陝西歷史博物館參觀時，館中正在換展品。他恰巧看見這件洪慶三彩，特別拍了正背面的照片並傳送給我。這張背面照片令我興奮不已。因為不管這獸是獅子還是老虎，獸頭帽背面還連有一條尾巴。由這條尾巴可以證明設計三彩的師傅是將獅或虎「從頭到尾」，即便是象徵性的，都納入了造型的範圍。我非常感謝明良兄讓我有機會看見這條尾巴。因為一般圖錄只錄正面，背面有什麼，讀者沒法知道。即便到博物館參觀，受到展櫃的限制，參觀的人經常也只能看到正面。這條尾巴的重要性，容我賣個關子，後面再談。

圖 2.1–3　陝西西安洪慶出土唐三彩武士俑及謝明良教授所攝正背面照片

　　前幾年我又陸續在上海和河南出土文物的圖錄上看到兩件唐三彩武士，也戴類似的帽子。這一尊藏在上海博物館，目前展出中（圖 3）。他戴的獸頭帽，造型和洪慶出土的幾乎一樣，可是胸前交叉的帶爪前肢變成了交叉打結的圍巾。前兩天我又去上海博物館看了一次，大家有空也不妨去看看。另一件出土於河南，只保有頭上的獸頭帽，其他胸前交叉的帶爪前肢或圍巾全都沒了（圖 4）。

　　看到這些唐三彩武士俑，我首先聯想的其實不是古代希臘，而是先秦古書裡面所講的虎賁之士。從《尚書》開始，「虎賁」兩個字就用來形容勇猛的武士。我去翻查文獻，想知道虎賁之士到底是什麼樣子。結果所有的注解都告訴我，虎賁或者是以老虎形容武士的勇敢，或指他們的衣服有老虎斑紋為裝飾。

圖 3　上海博物館藏唐 石刻　　　圖 4　唐三彩武士俑

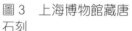

　　既然古注這麼說，我就試著在商、周以來，凡有人物雕飾的各種陶石金玉器物中找穿虎紋衣的武士，結果一件也沒找到。我這才被迫將眼睛移往域外，看到了以前令我著迷，古希臘陶瓶上的赫拉克利斯。

　　傳世和考古發掘的古希臘陶瓶非常非常多，歐洲各地的博物館幾乎都有收藏。我開始疑心唐三彩武士胸前有兩個爪子交叉的獸頭帽，和我在希臘陶瓶上看到的大力士赫拉克利斯的造型有關係。

　　起初我還不太敢相信自己這個大膽狂野的聯想，可是當

我蒐集的材料越來越多，不得不接受中外學者，例如李淞、
謝明良、栗田功、宮治昭、田邊勝美等早已提出過的看法，
也就是這種唐三彩武士的造型曾受到域外藝術的影響。它可
以追溯到古代地中海世界，希臘陶瓶上的赫拉克利斯的造型。

　　後來我進一步瞭解到，中外學者對這個問題其實有不同
的意見。前面提到例如李淞、謝明良等人和日本學者多認為
這是受到希臘的影響，但另有一些知名的前輩，例如研究敦
煌學有成的向達和段文杰等，認為唐三彩的虎頭裝束是來自
於吐蕃，模仿吐蕃「大蟲皮」或「波羅皮」的樣式。他們甚
至提出頗為有力的文獻和敦煌石窟的題記證據。既然意見不
一，激起了我進一步弄清楚的興趣，不免想追問：吐蕃的又
是從哪來的？經過一番清理，我傾向於相信吐蕃的樣式也有
來源，是源自更遙遠的西方；追到底的話，也許是來自古希
臘。這是今天的結論，先告訴大家。

❷ 赫拉克利斯——希臘神話中的大力士

　　在談赫拉克利斯的藝術造型（圖5）如何傳入唐代中國
之前，我想先把這位大名鼎鼎，希臘神話中大力士的故事向
大家做一個簡單的介紹。

　　赫拉克利斯是希臘最高天神宙斯 (Zeus) 的兒子。宙斯有
個老婆叫赫拉 (Hera)，但是赫拉克利斯卻不是赫拉生的，是

圖5　希臘陶瓶上的赫拉克利斯

宙斯同別的女人所生。大家都知道希臘神話裡的宙斯以搞七捻三著名，是製造「小三」的老祖。希臘神話裡凡是奧林匹亞山上的諸神都永生不死，但宙斯和凡間女子生下的赫拉克利斯，只算半人半神，沒法不死。赫拉克利斯的神話故事就集中在他出生後，如何橫遭心懷忌恨的赫拉的毒手，又如何受到詛咒，如何在人間完成十二件艱難的任務，打敗各種怪獸，為人間除害，最後登上奧林匹亞山，成為真正不死的神。

　　赫拉克利斯可以說是古希臘和古代西方世界最受歡迎的神話英雄。有關他的藝術品流傳下來的非常非常多。曾有學者統計，僅以古希臘陶瓶為例，流傳到今天的至少有八千件。羅浮宮和大英博物館都是主要收藏單位。2005年我到大英博物館參觀，博物館正好舉辦一個和赫拉克利斯有關的特展。幾個展廳裡擺滿了與赫拉克利斯有關的陶瓶、銅像和石雕。

　　這是其中的一個展櫃（圖6），為什麼給大家看這一展櫃呢？因為這裡展出一尊不起眼的小青銅像（圖7）。這尊像講的是赫拉克利斯剛出生的故事。因為他是宙斯和小三所生，赫拉非常嫉妒。一出生，赫拉就想要把他害死。赫拉克利斯出生後被放在搖籃裡，赫拉拿了兩條毒蛇想去咬死他，但沒

圖6　赫拉克利斯特展一角

圖7　特展中的赫拉克利斯與毒蛇青銅像

有想到，這個剛出生的小寶寶有無窮的神力，兩隻手抓住兩
條蛇，一下子就把蛇捏死了。

　　當然還有很多其他的故事。我剛才說赫拉克利斯受到詛
咒，要在人間完成十二件艱難的任務，第一件就是打敗刀槍

圖 8.1-2　赫拉克利斯搏獅陶瓶

圖 9.1-3　赫拉克利斯陶瓶局部

不入的獅子。這頭獅子危害人間極烈。有些故事版本說赫拉克利斯僅僅憑藉雙手就把這頭獅子勒死了，也有版本說是憑藉了武器。希臘陶瓶上留下了大量博獅的場面，表現他如何完成這第一件任務（圖 8.1-2）。在大英博物館，描繪他打敗獅子故事的陶瓶就有好幾百件。大家從陶瓶所繪可以看到他造型上的特點，光著身子，力博猛獅。打敗獅子後，將獅子的皮剝下來，披在自己的身上，將獅子的頭，戴在自己的頭上，據說這樣他就擁有了獅子般的力量（圖 8.1-2、圖 9.1-3）。從此以後，戴著獅頭盔，披著拖條尾巴的獅子皮，獅子的兩個帶爪前肢交叉繫在胸前，就變成了赫拉克利斯在希臘藝術裡的一個招牌造型。

　　另一個招牌造型元素是赫拉克利斯手裡拿著一個棒子。據說這是用地獄長出來的橄欖樹枝做成。他把樹枝砍下，做成一頭大，一頭小的棒子，上面還留著許多沒砍盡，突起的枝幹。這個棒子成為他無堅不摧的武器，也成為他造型裡最具代表性的配件（圖 9.1-3）。

　　赫拉克利斯的造型在古希臘藝術裡多種多樣，不只以上所說，今天沒時間一一介紹。例如這是我在大英博物館看到的一件西元一世紀的青銅立像（圖 10），描寫他完成

圖 10　赫拉克利斯與金蘋果

最後一件任務，成功闖入一個有怪獸看守的蘋果園，拿到三個金蘋果。他赤裸著身子，沒有前面所說的獅頭帽、帶尾獅皮和棒子，但他身後有蘋果樹，樹上有盤繞的**毒蛇**，手裡拿著三顆蘋果。這些東西就足以證明他不是別人，而是完成最後任務的赫拉克利斯。

要確認赫拉克利斯的身分，僅憑造型就夠了嗎？還有一樣辨認身分的利器就是榜題。這跟我前兩次演講談到如何利用「胡王」榜題，確認漢代圖像裡的胡人一樣，榜題是有力的證據。希臘陶匠，尤其是一些有名的匠工在繪製陶瓶時，經常會在作品上題寫自己的名字，或者神、英雄人物的名字。例如這一件上有希臘文題寫的「赫拉克利斯」，就在他的右手肘下方。其頭上左側還有女神雅典娜的名字等等（圖 11）。

這些榜題或文字題記進一步幫助我們確認了畫中人物的

圖 11　赫拉克利斯的希臘名字在他的右手肘下方

身分。有了這樣明確的基礎，一方面可以利用造型、製作特徵來旁推那些沒有榜題陶瓶畫的內容、作者和斷代，另一方面也幫助我們在希臘以外的世界去指認赫拉克利斯的存在。

　　以上非常簡單的介紹了赫拉克利斯的故事和造型，接下來就要講這個希臘神話人物的藝術造型如何一步步向東傳播。

三　赫拉克利斯藝術造型東傳的推手──亞歷山大和羅馬皇帝

　　第一個重要的推手無疑是亞歷山大大帝 (Alexander the Great)（圖 12）。他是馬其頓的國王，希臘文化的愛好者，曾經率領希臘城邦去攻打波斯，一步步將希臘文化帶進東方。世界上的軍事征服者很多，征服者自己的文化不一定高，也不一定都會將自己的文化帶到被征服的地區。例如羅馬人無疑是歷史上最成功的征服者之一。他們原本沒什麼文化，雖征服地中海世界，自己卻變成希臘文化的俘虜。亞歷山大不同，他自小接受希臘教育，大哲學家亞里斯多德就是他的老師。他們大概是世界上最令人羨慕的一對師生。

　　不過，鼓勵亞歷山大推展希臘文化的，還有一個頗為私人性的原

圖 12　亞歷山大石雕像

因。原來亞歷山大和他父親腓力二世 (Philip II) 都相信，他們的家族源出希臘神話裡兩個偉大的人物，一個是大力士赫拉克利斯，一個是荷馬史詩裡率領希臘城邦去攻打特洛伊城的英雄——阿奇里斯 (Achilles)。古希臘人相信自己家族系出某神或某英雄是很普通的事。亞歷山大傳記最重要的一位作者，西元一世紀時的阿利安 (Arrian) 曾提到，亞歷山大身為赫拉克利斯的後裔，一生奮鬥的目標就是要超越這位英雄先祖。凡是赫拉克利斯曾做的，他一定要做；赫拉克利斯沒做成的，他一定要做成功。阿利安在傳記中，曾多次記載亞歷山大如何去模仿赫拉克利斯做過的事。最有趣的莫過於亞歷山大甚至模仿赫拉克利斯的裝扮！

在亞歷山大東征的過程裡，他頭上戴一頂獅子頭的帽子，把自己裝扮成赫拉克利斯。並將這樣造型的頭像刻印在自己

圖 13　亞歷山大銀幣正背面，背面是宙斯神

的銀幣上（圖 13）。

　　另一個亞歷山大模仿赫拉克利斯造型的見證，是現存伊斯坦堡考古學博物館的石棺浮雕。亞歷山大在東征的過程中，不斷吸收各地歸順的國王為盟友，並肩東征。小亞細亞有一位重要盟友西登 (Sidon) 國王，不幸死亡，亞歷山大為他造了一個石棺，紀念他們並肩作戰。這口石棺留存至今（圖 14）。

　　石棺一側有這樣一幅浮雕，描繪亞歷山大在一場決定性的戰役中打敗波斯人。亞歷山大騎在馬上，追擊正在逃走的波斯人。請注意：在畫面左側的亞歷山大戴著一個獅子頭的帽子，非常清楚可知他把自己裝扮成神話中的赫拉克利斯，展示自己具有赫拉克利斯一般的勇氣和力量，足以成為人類的保護者。前面說過，赫拉克利斯在希臘神話裡，一個最主要的形象就是人類的保護者，打敗群魔，為人類消災解難。亞歷山大借用赫拉克利斯，宣傳自己是他的後裔，來塑造自

圖 14　伊斯坦堡考古學博物館藏西登石棺一側浮雕

己為人類保護者的形象。

　　等到亞歷山大死後，他的帝國分崩離析，變成很多希臘化的小王國。那些小王國的國王，也都自認為是亞歷山大的後裔，模仿他戴上獅頭帽，或者是把赫拉克利斯的造型刻印在自己的錢幣上。例如西元前二世紀，希臘北部塞雷斯地區的銀幣，其一面有一手拿著棒子，另一手提著獅子皮的赫拉克利斯（圖15）。在烏茲別克一個教堂裡曾發現好幾百枚窖藏的銀幣。其中有很多呈現坐姿握棒的赫拉克利斯（圖16）。這種銀幣在中亞一帶發現了很多。

　　上回我提到上海博物館的錢幣收藏。上博收藏的中亞錢幣裡剛好有希臘化時代小王國國王亞歷山大三世及塞琉古一世的銀幣。他們都幾乎一模一樣地模仿亞歷山大戴著獅頭帽（圖17）。這些國王自認為是亞歷山大的後裔，他們的遠祖當然也就是赫拉克利斯。請容我提醒一下，赫拉克利斯造型裡有三大元素：獅頭盔、獅子皮和棒子。這是我們追索他是否曾進入華夏中原最重要的辨識指標。

　　從以上所說，可以看到隨著亞歷山大的東征、帝國的崩潰及希臘化王國的建立，亞歷山大和模仿他的小王國國王們，把希臘神話裡的英雄人物從地中海世界向東帶到了小亞細亞和中亞。亞歷山大雖然最後沒能到印度，但他沿途修亞歷山大城，這些城成為傳播希臘文化的據點，希臘的藝術和神話就這樣在小亞細亞和中亞深深埋下了種子。

　　在古代小亞細亞，也就是今天土耳其東南部山區的內姆

圖 15　希臘北部塞雷斯出土銀幣

圖 16　烏茲別克教堂窖藏銀幣

圖 17　上海博物館藏亞歷山大三世（左）和塞琉古一世銀幣（右）

魯特山 (Nemrud Daği)，有一個西元一世紀的科默金
(Kommagene) 王國。國王安提奧克斯一世 (Antiochus I) 曾建十分
巨大的神殿，或者叫萬神廟，面積大約有兩萬六千平方公尺
（圖 18）。它修在一個山坡上，殿中布滿巨型石雕。圖中那
些斷裂在地的石雕巨頭，比一個人還高大。由此不難想像神
殿原本的氣勢。這些石像都是科默金國王的列祖列宗和源自

圖 18　內姆魯特山神殿殘跡

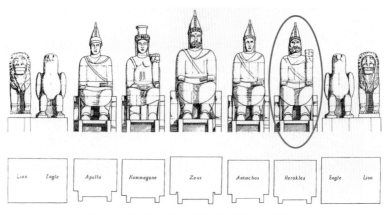

圖 19　內姆魯特山神殿諸神復原線描圖

希臘的名神和英雄，例如阿波羅、宙斯，當然還有赫拉克利斯。在諸神石刻的神座後面有希臘文的銘刻，由此可以清楚得知他們的身分。

　　有趣的是保護王國的希臘諸神，在這裡都「在地化」了。赫拉克利斯和其他希臘神戴上了一種當地統治者戴的尖頂帽。還好，赫拉克利斯手上還拿著他的招牌棒子。根據銘刻和招牌棒子（圖19），我們仍能確認他是赫拉克利斯。

　　這個地區還有一些其他的石刻，它們都非常巨大。其中有一方描繪赫拉克利斯和科默金國王握手（圖20），請注意右側人物光裸著身子，手裡拿著棒子，棒子後側還有獅子皮。如此一來，光身子的無疑就是赫拉克利斯了。

　　由土耳其再向東到今天的伊朗和阿富汗，亞歷山大到過

圖20　赫拉克利斯與科默令國王石刻

這些地方，建過城。在伊朗貝希斯敦 (Behistun) 一條交通要道
旁的山壁上，有一約西元前二世紀中刻劃的赫拉克利斯石雕。
他斜躺著，一手拿著一個碗，另一手搭在彎曲的腿膝蓋，他
的棒子豎立倚在身旁（圖 21）。如果沒有這個棒子的存在，
從其他造型來看，已不容易確定他就是赫拉克利斯了。今天

圖 21　貝希斯敦斜躺的赫拉克利斯石雕

圖 22　大夏銀幣上坐姿握棒的赫拉克利斯

的阿富汗一帶在約西元前三到一世紀
間，歸大夏 (Bactria) 統治。這是一枚大
夏國王的銀幣，一面是國王的頭像，
另一面則是坐姿持棒的赫拉克利斯
（圖 22）。這是在大夏出土的銅像。銅
像光裸著身子，但大家從他手裡拿的
棒子應該可以認出他是誰吧？（圖 23）

　　歷史上這一帶還有一個著名的帝
國，就是西元一至二世紀的貴霜帝國
(Kushan Empire)。在貴霜帝國的金幣上，
我們同樣能夠看到赫拉克利斯，一手
拿著棒子，另一手搭著獅子皮（圖 24）。

圖 23　大夏出土銅像

　　總結前面所說，亞歷山大東征以後幾百年內，希臘的神
話、藝術以及亞歷山大自己的傳奇在中亞的土地上傳遍，留
下了無數的痕跡。中亞的國王們為什麼要學亞歷山大，以赫
拉克利斯的形象裝扮自己或刻印自己的錢幣呢？

圖 24　貴霜金幣正背面

　　這主要是因為神話傳說中的赫拉克利斯是一位能為人類除害,又英勇無比的英雄。而作為王國的統治者,自亞歷山大開始為了要樹立自己英雄、保衛者和征服者的形象,又自認是其後裔,很自然以他為榜樣。亞歷山大死後,帝國分裂成無數的小王國,這些國王們又都標榜自己是亞歷山大的繼承人,因此又自然而然模仿他的許多作法。在幾百年無數人的推波助瀾之下,赫拉克利斯和其他希臘神話深入到了印度以西幾乎每一個角落。總的來說,毫無疑問,亞歷山大可以說是赫拉克利斯東傳的第一位重要推手。

　　第二波的推手就是羅馬的皇帝。我們知道,羅馬征服了地中海世界,但是希臘文化卻征服了羅馬,羅馬人成為希臘文化的俘虜。羅馬的統治者,也想完成亞歷山大沒有完成的事情──打敗波斯,東征印度。

　　羅馬共和末期的凱撒大家都比較熟悉。但大家也許不知道他是亞歷山大大帝的崇拜者。在西元前 44 年他被刺殺以前,他正準備學亞歷山大東征波斯;但他被刺,當然東征也沒實現。其實,羅馬人和羅馬皇帝無不崇拜英雄,亞歷山大是他們心目中的頭號英雄、典範,和模仿的對象。

　　舉例來說,根據奧古斯都 (Augustus) 的傳記,這位羅馬帝國的第一位皇帝雖然沒能東征,但是他有一枚平時使用的戒指,戒面就以亞歷山大的像為飾。西元一到二世紀間,羅馬有一位武功彪炳的皇帝圖拉真 (Trajan)。他曾真正大事東征,把兩河流域都納入了羅馬的版圖。在他的時代,羅馬帝國的

版圖擴張到最大。他征服兩河流域以後，本想繼續東征，奈何年歲已大，體力不夠，據說他曾無奈地說：「如果我還年輕，就打到印度去！」從這句話可以知道，他也是以亞歷山大為典範，幻想著成為征服印度的英雄。

圖拉真皇帝沒能征服印度，但曾在多瑙河流域打敗很多蠻族。現在大家到羅馬，還可以看到他建的紀功柱。上面一層一層刻繪的都是他打敗蠻族的戰功。大家都知道羅馬軍團驍勇善戰，訓練嚴格，大小戰鬥營隊都有象徵營隊精神的軍旗。例如用來象徵「軍團」(legiones) 精神的是軍旗手所掌的軍團旗，旗頂有隻老鷹。我現在要請大家注意的不是老鷹，而是紀功柱上軍團旗手的打扮。他們扮成赫拉克利斯的樣子，頭上戴著獅子頭盔，帶爪前肢也交叉在胸前（圖 25.1–2）。這意味著不僅羅馬皇帝，所有羅馬的軍團都以赫拉克利斯作為崇拜的對象。

此外，有非常多的羅馬皇帝將赫拉克利斯的像刻印在自己的錢幣上。這裡只舉西元一、二世紀間的哈德良 (Hadrian) 皇帝為例。他的金幣一面是他自己的像，另外一面是拿著棒子和獅子皮，坐著的赫拉克利斯（圖 26）。大家一定還記得剛才見過的大夏銀幣（圖 22），不是很眼熟嗎？

再舉一個大家比較熟悉的例子，曾獲得奧斯卡金像獎「神鬼戰士」(Gladiator) 電影中的那位皇帝 —— 康摩多士 (Commodus)。他是著名哲學家皇帝奧利留 (Marcus Aurelius) 的兒子。大史學家吉朋 (Gibbon) 認為羅馬衰亡就是從康摩多士

圖 25.1–2　圖拉真紀功柱上的軍旗手及想像復原圖

圖 26　哈德良皇帝金幣正背面

開始。奧利留一生為保衛羅馬
帝國，終年在前線跟日耳曼蠻
族作戰。康摩多士卻懦弱畏
縮，了無雄圖，只知享受眼
前，可是他還是要為自己塑造
一個英雄的形象。他無力在戰
場上贏得勝利，卻喜好在鬥獸
場上贏得喝彩。他曾留下一個
非常有趣的大理石雕像。他把
自己裝扮成戴著獅頭帽，不僅
一手握棒，另一手還拿著三顆
金蘋果，以完成最後一件任務

圖27　康摩多士大理石像

的赫拉克利斯姿態出現（圖27）。

　　羅馬皇帝和羅馬人崇拜亞歷山大，崇拜希臘文化和藝術，
隨著他們征服的腳步，把文化和藝術帶到了整個地中海世界
和周邊地區，並不限於東方。大家都知道，我們今天看到的
很多希臘雕刻，實際是羅馬時代的複刻，不是原件。例如這
一件是威尼斯博物館藏羅馬時代的赫拉克利斯石雕像，他的
基本造型、姿勢，特徵完全是模仿希臘的（圖28）。另外一
件是美國加州的凱提博物館所藏西元二世紀羅馬複刻的赫拉
克利斯雕像（圖29）。此外，這件莎草紙文書出土於埃及，
牛津大學收藏，是三世紀羅馬時代用希臘文所抄寫，有關赫
拉克利斯打敗獅子的詩歌，詩文旁配有搏獅的圖畫（圖30）。

圖 28　威尼斯博物館藏雕像　　圖 29　凱提博物館藏雕像

圖 30　羅馬時代莎草紙抄寫的赫拉克利斯詩歌

　　由以上可見羅馬時代的「亞歷山大和赫拉克利斯熱」。為證明這種「熱」，再舉幾件材料。第一件大家可能比較熟悉，就是龐貝古城民居牆上的馬賽克壁畫，描繪的正是亞歷山大戰勝波斯王。不過這幅畫裡的亞歷山大並沒有戴他的招牌帽（圖 31.1–2）。

圖 31.1–2　羅馬龐貝城民居中的亞歷山大馬賽克及局部

第二件見於二世紀羅馬人的石棺。他們居然在棺上刻繪和赫拉克利斯有關的故事。在這件石棺一側的中央，浮雕有一扇半開的門，赫拉克利斯戴著獅頭帽，拿著棒子正從門中走出來。請注意在他旁邊有隻狗。這裡所刻的故事是說赫拉克利斯到冥府去，其任務是要把看守冥府極兇惡的狗帶出來（圖 32）。這樣的故事刻在棺上，倒也合適。

第三件是一對羅馬時代的耳飾。赫拉克利斯如此陽剛，他的招牌武器——那隻棒子，居然成了羅馬婦人耳上的裝飾！美國普林斯頓大學博物館收藏的這對金耳環，作成兩個一頭大，一頭小棒子的形狀，上面微凸的地方鑲有寶石。（圖 33）

以上舉這些例子，無非是要說明羅馬人從皇帝到百姓，大家都那麼喜愛赫拉克利斯和亞歷山大。他們像希臘人一樣，

圖 32 羅馬石棺浮雕從冥府走出的赫拉克利斯

圖 33 普林斯頓大學博物館藏羅馬時代棒狀耳飾

都成了赫拉克利斯和亞歷山大的吹鼓手，將他們的故事和形象帶到遙遠的地方。

四▶ 赫拉克利斯的「變身」—— 從犍陀羅到唐代中國

　　古代神話人物或神祇在流傳的過程裡，無論是相關的故事或外在的形象總不免會受各地本土因素的影響，發生或多或少的變化。一個在地中海周邊常見的現象是外地流入的神和當地的神合而為一，不但外形，有時連名稱都會「在地化」。以下舉例談談羅馬時代，在羅馬帝國以東的敘利亞哈特拉 (Hatra) 以及阿富汗的貝格拉姆 (Begram) 出土的西元二、三世紀的赫拉克利斯銅像（圖 34、圖 35）。哈特拉出土這一件屬西元二世紀，裸身的赫拉克利斯一手持棒，一手掛著獅子皮，仍保有較多希臘雕像的風韻，雖然人物的鬚髮已較東方化。貝格拉姆出土的這一件青銅像就成了兩神的綜合體。赫拉克利斯一手持棒，一手拿著蘋果，但頭上多了象徵埃及冥府和醫療之神的頭冠。他雖和其他的神合體，可以說仍大致保有較清楚的希臘原產風貌。

　　較大的變形見於在今阿富汗巴爾赫 (Balkh) 西南劭馬・卡拉 (Saoma Kala) 出土的三頭石雕神像（圖 36）。這件神像時代不明確，應比前兩像還晚期，有三頭，右手持三叉戟和赫拉克利斯式的棒子，左手握一蘋果，手臂搭著獅子皮。雖然

圖 34 　哈特拉出土銅像　　　　圖 35 　貝格拉姆出土銅像

棒子和獅子皮仍可辨認，人物面孔幾已完全東方化，身分上
也和當地的神濕婆 (Shiva) 合體，也有學者認為是濕婆、佛陀
和赫拉克利斯的合體，在整體外貌上和希臘藝匠手下的赫拉
克利斯已相去甚遠。

　　再向東，一旦進入犍陀羅藝術占優勢的地界，也就是印
度河西北部，歐亞大陸和印度次大陸交會的區域，我們所看
到的赫拉克利斯的變身更明顯。這個地區在歷史上歷經不同
民族或國家，如大夏、貴霜還有印度的統治，文化極為複雜，
其藝術融匯了當地和各地傳來的因素，形成較特殊的風格，

一般稱之為「犍陀羅藝術」，和佛教有極密切的關係。赫拉克利斯從此以變身後的造型出現在佛祖的身旁，身分也變換成佛陀的護法金剛——金剛神。

　　這是犍陀羅出土，收藏在大英博物館的一塊殘石（圖37）。從這些人物的眼神可以知道，在石刻左邊殘缺的部分原來有佛祖像，大家都眼望著中央的佛祖。佛祖旁邊有個有趣的人物，他留著小鬍，戴著一頂有兩耳的獸頭帽，獸的帶爪前肢交叉在他裸露的胸前。大家一定還記得這帶爪前肢獅頭帽吧？這不是赫拉克利斯的招牌嗎？但這人物卻又跟我們在希臘藝術裡看到的赫拉克利斯差別較大，已經完全不是希臘面孔了。更有趣的是，他的招牌棒子不見了，換成佛教中的

圖 36　劭馬・卡拉出土石神像　　圖 37　大英博物館藏石雕

圖 38　塔帕‧肖特耳寺院佛塑像　圖 39　　塔帕‧肖特耳寺院佛塑像
局部

一種法器——金剛杵。

　　因此，也許有人會覺得這不足以證明他就是赫拉克利斯。再舉一例。這是 1973 年在阿富汗哈達 (Hadda) 的塔帕‧肖特耳 (Tapa Shotor) 寺院遺址出土，西元一世紀初的泥塑佛祖像（圖 38、圖 39）。請注意釋迦牟尼像左側那個人物，從局部照片可以清楚看到他的面容和鬚髮雖有點改變，但他的塊狀肌肉表現還是希臘式的，有意思的是他左肩搭著獅子皮，右手持金剛杵。這獅子皮總能證明其本尊原是赫拉克利斯！奈何他的招牌棒子被金剛杵所取替。這是變身的代價吧。變身後的身分不再是赫拉克利斯，而是保護佛祖的金剛神。不

論如何變，有一點沒變，就是他
還是一位保護者，由保護人類變
成保護佛祖罷了。

我再舉一個極類似的例子，是
日本鎌倉絲路研究所收藏的二至
三世紀帶彩泥塑金剛神（圖40），
也出土於犍陀羅一帶。同前一例幾
乎完全一樣，獸頭帽帶爪前肢交叉
在胸前，請注意他手上拿著的也是
金剛杵。這類塑像和雕刻還很多，

圖40　絲路研究所藏帶彩
泥塑金剛神像

不再多舉。總之，赫拉克利斯來到犍陀羅，入境隨俗，有了
大變身。從此他要藉著佛教僧侶和信徒的力量，才能再向東
進，進入古代的西域，今天的新疆。

五 變身入中原

赫拉克利斯進入中古中國的真正推手是佛教。佛教最遲
從兩漢之際傳入中土。1990 至 1992 年，在敦煌懸泉漢代驛置
遺址中發現一枚西元一世紀的漢簡，其上出現一個里名——
「小浮屠里」（圖41）。這枚簡是個請柬，有個叫譚堂的佛弟
子備下了水酒，邀請客人在某月二十三日到小浮屠里他家小
聚。里名叫小浮屠里（是不是另有「大」浮屠里？），證明這

裡應早已有崇信浮屠的社區。從社區的
存在又可推知，佛教流入敦煌並生根，
必然已有相當一段時間。這枚簡的出土
完全證實了過去對佛教進入中土時間
的推斷。

南北朝以後佛教大興，唐代進入興
盛的最高潮。隨著佛教的進入，佛教藝
術自然也逐漸流播。早期中國的佛教藝
術，明顯受到犍陀羅藝術的影響，以佛
造像和石窟為代表。這樣的藝術先進入
古代的西域，再到中原。現在我們能夠
找到最早和赫拉克利斯的變身，也就是
和金剛神有關的壁畫見於新疆拜城縣
克孜爾鎮東南 7 公里的克孜爾石窟。
1995 年，我有幸一遊克孜爾石窟（圖
42），第一次親自感受到佛教藝術的偉
大神妙，也使我深深相信宗教是一種極
為強大推動文化流播的力量。

在克孜爾石窟第一七五窟主室正
壁有五世紀的金剛神形象（圖 43）。他
的頭上戴著有兩耳的獸頭帽子，帽下有
交叉於胸前的帽帶，手裡拿著金剛杵。
如果稍稍回想剛才我們所見大英博物

圖 41　懸泉簡上的
「小浮屠里」

圖 42　　1995 年與小女攝於克孜爾石窟前

圖 43　　克孜爾石窟第一七五窟主室正壁壁畫

圖44　森木塞姆石窟第二六窟壁畫　圖45　克孜爾石窟第七七窟壁畫

館所藏的那件石刻，兩位金剛神的兩頂帽子不是太像了嗎？
第一七五窟金剛神的造型源自犍陀羅，可以說實在無可懷疑。

　　克孜爾石窟附近，在約屬四到五世紀的森木塞姆石窟第
二六窟壁畫裡，可以看到另一位金剛神也戴著類似的獸頭帽
（圖44）。因壁畫殘缺褪色，帽帶部分已殘泐，無法多說。

　　先前我一再提示那個不見的棒子，卻出現在克孜爾第七
七窟壁畫（圖45）。這壁畫殘缺，現在保存在德國柏林考古
與民族博物館裡。畫面上有一個牧牛人，手裡拿著棒子。這
個棒子為什麼會跑到牧牛人的手上？這是有典故的。這個牧
牛人右側原有蓮花座，佛祖坐在上面，牧牛人正在聆聽佛祖

說法。鳩摩羅什譯的《佛說放牛經》說這個牧牛人名叫難陀，
原本不信佛。但是佛祖被請去他的國家說法，難陀去聽說法。
他自認非常會養牛，佛祖不會。有一次他故意問佛祖如何養
牛，想使佛祖難堪。結果佛祖滔滔不絕說了十幾種養牛的辦
法，難陀大為歎服，當下皈依為佛弟子。這個壁畫講的正是
這個故事。

　　今天的重點不是佛祖說法，而是牧牛人拿的棒子一頭大，
一頭小，表面枝幹突出。為什麼赫拉克利斯的招牌棒子會跑
到牧牛人的手上？這要回到赫拉克利斯所完成的十二個任
務。其中最少有兩個任務是跟牛有關：他曾經降服一頭負責
誘惑歐羅巴女神，暴烈無比的克里特公牛（圖46），還有一
個是赫拉克利斯受命去取得三頭巨人革瑞翁 (Geryon) 所飼養
的牛群（圖47）。希臘陶瓶有不少以這些故事當題材。今天
沒法細講，大家很容易在希臘神話書裡找到這些故事。

圖46　赫拉克利斯和克里特公牛搏鬥

圖 47　赫拉克利斯力戰二頭巨人，奪取半端翁的牛群線描圖

　　犍陀羅和克孜爾石窟的藝匠們想必相當熟悉有這樣一種棒子的表現法，也可能知道赫拉克利斯和牛的關係。如此一來，當製作牧牛人難陀聽佛祖說法的壁畫時，有意或無意之中就將這根招牌棒子轉到了牧牛人的手上。重要的是，這根棒子的造型特徵歷經千山萬水，更換了主人，也和原本的搭檔獅頭帽分了家，卻不改其特色。這一點確實令我十分驚異。

　　佛教入中國，由西域進河西，再進入中原地區。另一條路是從河西經漢中到巴蜀。剛才我們先說了赫拉克利斯的變身及造型元素入西域的情形，現在接著到巴蜀一帶看看。在巴蜀我們看到了這根棒子的生命力。

　　1990 年四川成都商業街出土了有明確紀年齊梁時代，也就是五、六世紀間的佛教石刻造像。造像的旁側出現手裡拿著棒子的人物（圖 48.1–2）。在四川大學博物館收藏有梁中大通四年（532 年）造像以及梁太清三年（549 年）釋迦雙佛造像的兩側，護法之類的人物手裡也拿著這樣的棒子（圖 49.1–

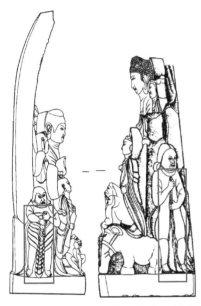

圖 48.1-2　成都商業街出土石造像　　圖 49.1-2　四川大學博物館藏佛造像
側面線描圖　　　　　　　　　　　側面

2）。2002 年我專程去四川大學博物館，承館長霍巍教授幫
忙，在倉庫裡看到這些石刻佛造像，還用手摸了一下棒子。
我很想知道棒子是否真的凹凸不平，一摸果然。一頭小一頭
大，表面凹凸不平，跟在希臘和犍陀羅造像藝術裡看到的一
模一樣。

六 小兵立大功

據我所知，過去大家研究佛造像，幾乎沒有人注意這些側邊的「小人物」。我請教過一些專家，他們都說不出這些小人物的身分或名稱。因為大家比較注意造像的主尊，例如一佛二菩薩有何造型特徵，又如何變化等等。

我認為正因為沒人注意，小兵或許反而可以立大功。因為現在學界對佛教進入中國的路線有不同的意見。有人認為是走海路，有人認為從西域進中原，也有人認為南朝佛教是以建康為中心，逐漸溯江而上到了巴蜀，但也有人認為巴蜀的佛教是來自河西。要解決這些爭議，當然須要更多新的資料和線索。但我們是不是可以將這些不起眼的「帶棒護法金剛」（這是姑妄而取的名字）當做一個傳播路線的線索？

譬如說如果在建康佛造像或壁畫中找到了帶棒護法金剛，在長江中游找到稍晚於建康，又稍早於巴蜀的帶棒護法金剛，這樣是不是可為建康為中心，溯江而上說，提供了一個新的證據？如果相反，建康的帶棒護法金剛出現較巴蜀或長江中游晚，故事就要反過來說了。我是研究佛教的門外漢，以上所說不過是個假想。

帶棒護法金剛也許也可以成為一個瞭解造像分布的線索。例如天水麥積山石窟第四窟前廊正壁，其中一個柱子上就有北周時期所塑戴著獸頭帽，手裡原本拿著棒子的人物。

他是天龍八部之一（圖 50）。到唐代，河南安陽的唐初墓及
山西長治北石槽武則天時期墓出土的墓俑，手裡也都拿著棒
子，表面凹凸不平，頭上戴著獸頭帽（圖 51、圖 52）。類似
造型的墓俑在河北獻縣及元氏大孔村也有出土。大家可以看
到獸頭帽與棒子顯然都還在。可惜我沒看過原物，能找到的
圖版品質也不夠好。

　　我的好朋友李玉珉到四川廣元千佛崖大佛窟參觀，注意
到有戴獸頭帽的乾闥婆（圖 53.1–2）。不過，它們配合我一
開始所講的洪慶唐三彩，我們可以看到變身後的赫拉克利斯，
以護法金剛或乾闥婆的身分隨著佛教造像藝術自南北朝到唐
代，幾百年間由新疆到四川、甘肅、陝西、河南、山西、河

圖 50　麥積山第
四窟前廊正壁

圖 51　河南安
陽楊侃墓出土

圖 52　山西長治唐
墓出土

圖 53.1-2　四川廣元千佛崖大佛窟局部及放大

北，其分布和路線大致上卻可以勾勒出來。

七 獅頭帽或虎頭帽？

　　最後回到本講開頭的問題：這些中古造型藝術中的獸頭帽，到底是獅頭還是虎頭？過去中國的專家們，如向達、段文杰一致稱之為虎頭帽或虎頭盔。這有不少證據。例如以下這三件壁畫殘件和紙版畫。第一件是吐魯番石窟出土的彩絹畫乾闥婆頭部殘件（圖 54）。他頭上的帽子有明確的老虎斑紋，其為虎頭帽了無疑義。第二件出自安西榆林石窟第一五窟壁畫（圖 55），這位人物從頭到尾披著完整的虎皮，皮上有非常清楚的斑紋，尤其有趣的是畫中還有一條如假包換的

老虎尾巴。大家還記得赫拉克利斯所披的帶尾獅子皮嗎？古希臘的獅子到唐代中國，變成了老虎。

此外，在第三件後晉開運四年紙版畫上也有清清楚楚身披虎紋皮帶尾巴的護法 （圖56）。這些都足以證明所謂「虎頭帽」的存在。本講開始時提到陝西洪慶出土唐三彩背後的尾巴，當時賣了個關子，現在是不是應該承認它比較像是老虎尾巴？可惜頭盔部分沒有上彩，沒有虎斑，但也沒有獅子的鬃毛，否則就更清楚了。十分慚愧，我至今沒有做進一步的研究，仍然無法回答從什麼時候開始，在什麼地方，獅子會變成了老虎？現在只能說：在唐和五代，希臘獅子的確曾經變成了中國老虎。

有沒有獅頭帽呢？也有。獅子和老虎的差別在於一個身上有虎斑，一個頭部有鬃毛，區辨並不難。大英博物館所藏

圖 54　吐魯番石窟出土彩絹畫

圖 55　安西榆林石窟第一五窟壁畫

圖 56　後晉開運四年紙本版畫　作者線描圖

圖 57　龍紀二年紙版畫

唐龍紀二年紙本版畫毗沙門天王圖的左側，有一位頭戴鬃毛帽的護衛，這帽應是獅頭帽（圖 57）。此外，在安西榆林第二五窟唐代的彌勒經變圖與北方天王圖、莫高窟第三六窟五代時期文殊變壁畫及第一五八窟涅槃經變圖裡，都有戴著鬃毛帽的乾闥婆（圖 58〜圖 61.1–2）。換句話說，獅頭帽從西方傳到中國，有些保留了原狀，有些變成了老虎。

　　以目前可考的例子來看，除了以上明確可辨的，大部分壁畫、塑像或陶俑所戴的到底是獅或虎皮，或因發表的圖版不清，或因原畫、塑或陶像即未明顯區分，都無法真正分辨清楚。金剛神、天王或乾闥婆在唐代藝術中有戴虎頭帽、披虎皮在身的例子，也有明顯戴獅頭帽或盔的例子，而且都不

圖58　安西榆林石窟第
二五窟彌勒經變圖中的
乾闥婆

圖59.1–2　安西榆林第二五窟北方天王壁畫及局部線描圖

圖 60.1–2　莫高窟第三六窟五代時期文殊變壁畫局部及乾闥婆線描圖

圖 61.1–2　莫高窟第一五八窟
涅槃經變壁畫及局部

是孤例。

　　如此一來，第一，我們即不宜將這一類的帽或盔一律稱之為虎頭或虎皮帽，應該分別命名；第二，前述克孜爾第七五窟和麥積山第四窟中，金剛神所戴的盔帽不論是獅或虎皮，其時代都在所謂的吐蕃窟之前數百至百餘年前，因此，將這種帽式歸之於吐蕃武士服，不妥。大家應該思索吐蕃武士披大蟲皮的習俗是從何而來？如果考慮到中亞和印度已有的佛教藝術，又注意到吐蕃和這些地區在文化上的交流以及後來的佛教化，似乎不能排除吐蕃的大蟲皮武士乃是模仿自這些地區的可能性。只是目前對吐蕃和西藏早期文化的認識還嫌薄弱，許多問題還不到作結論的時候。

八　結　語

　　今天我們一路從希臘經過小亞細亞、中亞、新疆到唐代中國，把希臘神話英雄赫拉克利斯的藝術造型，以他的帽子和棒子為重點，說明一位神話中的人物如何在帝王和宗教力量的推動下，一步步由西而東，改頭換面，之後以不同的身分和形象進入大唐中原。

　　這其中有變，也有不變。不變的是赫拉克利斯在希臘神話裡保護者的形象，保護的對象則改變了。原來是保護人類、為人除害，後來變成了保護國王的神或護衛佛祖的金剛力士。

來到中原,他一方面繼續護衛佛祖,另一方面卻化為三彩俑,進入墓葬,在墓道中護衛墓主。儘管他的身分和角色一步步下降並邊緣化,但是保護者的形象始終如一。

今後大家如果參觀歐洲的博物館,當看到古希臘陶瓶上披獅皮的赫拉克利斯,能夠追想起這位英雄曾流浪數千公里,歷經一千多年,化身為大唐帝國類似裝扮的三彩俑,手持著他心愛的棍棒,護衛著墓主,這個歷史畫面不是既多維立體又豐富有趣嗎?如果您心中產生了這樣的畫面,我的努力就不算白費。今天講到這,請大家多指教。

附記:

詳細討論請參邢義田,〈赫拉克利斯 (Heracles) 在東方〉,《畫為心聲》,北京:中華書局,2011 年,頁 458–513。

◈•◈•◈•◈•◈•◈•◈•◈•◈•◈•◈•◈•◈

主持人(周振鶴):邢先生給了我們一個視覺的盛宴,有細緻的考證,也有宏觀的視野。用豐富的圖像向我們展示,一,文化是怎麼傳播的,二,藝術形象又是怎麼發生變形,我們表面看到的是圖像,背後理解的是文化傳播,大家趁機請教問題。

問　答

一、您在講座一開始講到文化傳播有動因問題，宗教可能是
　　動因之一，是否還有其他動因？從傳播者與接受者的動
　　因來看，赫拉克利斯的形象，原本作為主要表現對象，
　　後來變成一種附屬的形象，從文化差異與接受的視角來
　　看這種身分的轉變有什麼意義？

答：從漢代開始，中國的藝術受到域外的影響太多，只是我
　　們以前不知道怎麼分辨。要說明這個問題，首先要知道，
　　我們原來有什麼，所以我現在非常感興趣的一個問題，
　　就是追溯漢代藝術跟戰國藝術之間的關係。我想先弄清
　　哪些東西有本土的淵源，在本土追不到淵源的，就須要
　　到域外去找。

　　有一些東西我們原以為是本土的，後來發現不是，就像
　　今天所謂「國樂」裡的很多樂器，根本是外來的。很多
　　藝術造型、元素與技法，也是同樣情形。比如商代婦好
　　墓出土的很多東西，並不是中原土產。大量的玉器，玉
　　來自新疆和闐。柳葉形青銅小刀和草原地帶有關。例子
　　太多，不去說了。回到您的問題。宗教是一大動能。此
　　外，對異地珍奇之物的好奇與喜好，也是重要動能。漢
　　武帝的上林苑一度是各地珍怪異物的博物館。東漢末年
　　君臣上下熱衷於胡食、胡床等等「洋玩意兒」，都促成了
　　外來文化的流入。當然還有經濟和政治的動能，例如漢

武帝為了升仙或強化騎兵，不惜出兵大宛，求天馬。
第二個問題從主要到附屬，這是一個普遍的現象。有一
些逐漸低落，有些被放大，有些被強調，也有的被淡化。
這是文化傳播過程裡幾乎都會看到的現象。今天講的只
是其中之一。

二、您描述的大力士炎到中國，除了大力士的帽子和棍子來
　　到了中國，不知道跟隨二者一同傳入的是否還有其他的
　　東西，可以作為傳播的旁證？

答：基本上，赫拉克利斯的神話流行於地中海世界，曾東傳
　　到中亞一帶。但是，再往東走的話，就進入佛教的文化
　　勢力範圍。原汁原味的希臘神話難免摻雜在地因素而變
　　質走味。從西域進中原的東西又加上一層西域因素，變
　　質走味得可能更厲害。在唐代文獻和造型藝術裡，我們
　　已完全見不到任何赫拉克利斯神話的蛛絲馬跡。我看的
　　很可能不周全；如有，非常希望有人惠賜指教。一個唐
　　代的工匠可能根本不知道赫拉克利斯這號英雄，更不知
　　他如何完成那十二件任務。但是他變身為金剛神或乾闥
　　婆，隨著佛教藝術進入中國。當唐代的工匠看到這些，
　　他們所瞭解的故事只能是和佛祖有關的了。在文化傳播
　　的過程裡，有一些可以是整塊傳，有一些顯然也可以切
　　割開來傳。我為什麼集中在帽子和棒子？是因為這一點
　　過去的人談得比較少，希望小兵能立大功。

第四講

他山之石──古希臘陶片
流放制與羅馬帝國禁衛軍

➡ 開場白

這一講和前三講有些不同。前面三講主要圍繞著圖像與文字材料，考察古代草原遊牧民族與中原的關係，或者中古中國與古代地中海世界的聯繫。最後一講，我想聊聊研究中國史，如果把目光放得寬廣一些，增加對其他古代文明的認識，啟發不僅來自材料，也可來自其他方面，例如：問題意識。

這一講所談的將關係到制度史。研究中國制度史，長期以來一般多在官制的傳統裡打轉，想的、問的和回答的總是那些問題。我過去因為一些機緣，接觸過一點點古代希臘和羅馬的歷史和材料，感覺受益無窮。這二、三十年來雖專注在中國古代史上，古希臘和羅馬的影子不時飄入腦際，刺激我去問一些不同的問題，從不同的角度去理解某些中國古代的制度和現象。

這一講打算以古希臘陶片流放制和羅馬禁衛軍制當例子。大家手中有先發的兩篇文章（請見附錄二、三）。一篇是我正準備發表的論文的一部分。在這篇論文裡我很明白地說，我是如何從古希臘陶片流放制的研究獲得啟發。西方學術界利用在雅典廣場出土的流放制陶片，評估雅典公民識字程度的高低，曾掀起一場綿延七十餘年的爭議。這些爭議啟發了我回頭審視中國秦漢時期類似研究存在的問題。

另外一篇講漢代的護軍制，是 1991 年寫的極短篇。大家

會發現三、四頁的文章裡沒有一個字提到羅馬。現在我要招供，二十多年前寫這篇小文的靈感其實完全來自對羅馬禁衛軍的認識。當我看到朋友討論漢代護軍制，羅馬禁衛軍的種種不禁浮現心頭，因而有了不同的觀察和想法。

　　古代史的材料絕大部分是零星片段，如何在片段之間發現和建立「意義之網」，有時靠運氣，更多的靠想像。我深深感覺異文化的思想、制度、文物，或許由於存在的脈絡、呈現的樣貌和引發的議論不同，特別能刺激我們去作意想之外的想像。我所謂的「意義之網」或「立體的歷史」是完全不能以當今中國的政治疆界為疆界的。走出有形和無形的疆界，多幾副眼鏡，換個角度，原來看似無關的片段，或許就能關聯上，甚至誘導出新的問題或解釋。以下先從雅典的陶片流放制和識字率的爭議聊起。

◤二◢ 古代雅典的民主制和陶片流放制

　　什麼是陶片流放制 (ostracism)？它是在什麼樣的環境下產生的？西方學界曾因它引發了哪些爭議？大家或許清楚，或許不清楚。

　　不論如何，要說這些，不得不先概括一下古希臘的城邦制。古代希臘的城邦，從古代中國的眼光看，不過是些幾百或千餘戶人家的小村子。其不同的地方是在希臘村子之內，

通常會有一塊空地，作為公共活動的空間。一般稱之為廣場
(agora)。除了公共空間，一個城邦也往往在城內比較高的地
方修築防禦性的衛城 (acropolis)。萬一城邦遭遇危險，居民可
以退到衛城裡，作最後的抵抗。

　　這樣的城邦可以雅典為代表。從谷歌地球上可以看到雅
典的衛城和廣場（圖 1）。這個廣場中央有空地，空地旁邊圍
繞著一些公共建築，例如神廟、管理司法或其他公共事務的
建築，例如議會。當然還有市場。以雅典來說，下面這張圖
是後人想像中雅典廣場以及周邊建築的可能情況（圖 2）。

　　再簡單介紹一下以雅典為代表的城邦民主制。雅典的民
主制在西元前五世紀左右可以說發展到最高峰，它的基本精
神大致上可以歸納成三點：

　　第一，管理城邦公共事務的權力屬於城邦全體男性公民

圖 1　谷歌地球所見雅典衛城及西北方的廣場

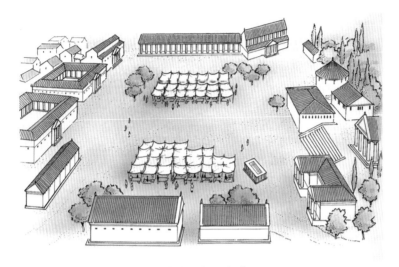

圖2　雅典廣場想像復原圖

所有，必須具有公民身分的人才可分享公民權，有權參與公共事務。

　　第二，全體公民參與城邦公共事務，基本上是依循共同同意和制訂的法律。具體地說，這包括有權選舉和被選舉為公職人員、提案並通過城邦法律、參與司法審判等等。

　　第三，公民有權，也有義務。義務除了分擔上述公職，也包括執干戈以衛城邦。當城邦的安全受到威脅，有馬的人要騎上自家的馬；有錢自備盔甲的人要自備盔甲；備不起馬匹和盔甲的，也要準備刀劍當步兵；最沒錢的也要到船艦上當划槳手。

　　此外，必須多提一句，和中國秦漢甚至封建時代的社會都不一樣，雅典社會是一個以財產劃分階級的階級社會。西

元前七世紀以後，公民依財富分為：1.貴族階級 (hippeis)，他們大致上有財力自備馬匹，出任騎兵，也才有資格出任執政；2.其次一級叫甲士 (zeugitae)，擁有牛隻，能自備革甲，有權擔任次一級公職；3.再次一級叫平民 (thetes)，也就是財產更少的一般公民。各階級的財產都要調查和登記。所以雖說是民主制，原本卻是一個由少數富有貴族主導的政治，到西元前五世紀時，由公民抽籤輪流出任公職，才真正變成全民直接民主。

公職中最重要的執政 (archon) 有三名。其中首席執政 (archon eponymous)，負責綜理城邦一切公共事務。將軍 (polemarch) 負責率軍作戰，但只在城邦遭遇危機，須要出兵作戰時才任命將軍。祭司 (archon basileus) 則負責城邦公共祭祀。這些官員的任期只有一年。任滿後加入長老會議 (areopagus)，為公共事務提供意見。因為長老會議是由一群從公職退下，有經驗的人所組成，他們事實上主導了整個城邦事務。

那時希臘城邦一般都很小，大約有十餘到一百平方公里的土地和約數百到一千位成年男性公民。雅典大得多。在伯里克利斯 (Pericles，約西元前 495～前 429 年) 領導雅典對抗斯巴達時期，雅典約有公民十七萬，還有很多在雅典從事工商業，卻沒有投票權的人。他們依附於雅典，姑且名之為附庸民，大約有兩萬八千。另外還有奴隸十一萬五千人左右。城邦的奴隸擔任公共勞動，私人的奴隸很少從事農活，絕大部分是家內奴僕或教師。

　　其實古希臘的政治思想家或者哲學家並不認為理想的城邦應該有這麼多人。以柏拉圖或亞里斯多德為例，在他們的想像中理想的城邦都不大。如果和古代中國相比，他們都比較傾心於老子所說的小國寡民。不過，他們都主張積極參與城邦公務，並不同意老子所嚮往的那種雞犬相聞，卻老死不相往來的生活。

　　柏拉圖認為理想的城邦應有成年男性公民五千零四十人。一般希臘哲人都認為成年男性不宜超過一萬人。為什麼主張小國寡民？主要是因為他們理想中的政治，是公民彼此相識下的直接民主。一個人發言，最好在場所有的人都知道他是誰，都能聽得見，也都能參加辯論。如果人太多，不相識，就難辦到這一點。亞里斯多德的理想城邦有六十平方公里的土地，五百到一千家人戶。這樣的規模僅僅是雅典的百分之二、三。也就是說，當時雅典遠遠大於亞里斯多德所認可的規模。

圖 3　克里斯提尼像

　　以上非常簡單介紹了雅典城邦的大概。接下來，我們就把話題轉到雅典的陶片流放制。據說是西元前 487 年，大改革家克里斯提尼 (Cleisthenes) 為了防止政客威脅城邦的安全，首創了陶片流放制（圖3）。這個制度規定所有的公民，都可以把

圖4　皮尼克斯一景

不受歡迎人物的名字寫在陶片上；如果有人得到六千票，既無須審訊，也無由辯護，十天之內必須離開雅典十年。但是被流放的人不會喪失公民資格，財產也不會被沒收。

實行投票流放的地方就在雅典衛城西邊不到一公里的地方，有個岩石小丘叫皮尼克斯 (Pnyx)（圖4）。其地空間據估計正可容納六千人左右，高處有塊平臺供參加者發表演講。雅典公民在這舉行公民大會 (ecclesia)，發表演說，表決議案，也流放不受歡迎的政客。

陶片流放制和民主政治在伯里克利斯出任將軍，領導雅典對抗斯巴達的時代發展到最高峰。我們前面提到過雅典公務原本由有錢的貴族主導，他們都沒有薪水。有錢的人才管得起既花時間，又沒收入的公共事務。到伯里克利斯的時代，

擔任公職開始有了津貼。如此一來，比較沒錢的公民才能夠承擔得起公共服務。另外一個重大轉變是傳統上長老會議的權力轉移到了五百人委員會。委員分為十組，輪流執政，並向公民大會提案。經由輪流，讓幾乎所有人都有機會參與城邦事務。

公民大會由全體公民組成，每年以抽籤方式從公民大會中組成陪審團，擔任陪審和其他相關的司法工作。公民大會每一年還決定是否投票，將大家認為可能威脅城邦安全的人物流放出雅典。但據統計，這樣的投票並沒有頻繁舉行，百年中被流放的，迄今只有十餘人可考。也許大家沒想到，領導雅典對抗斯巴達，大幅推進民主制，盛讚雅典為希臘諸邦學校的伯里克利斯自己，曾遭到點名流放，名字也曾出現在陶片上（圖5）。

雅典人在很多公共事務上都採取投票的辦法。怎麼投票？不是非常清楚。有時用石子，有時用陶片，有時也用銅製的票。希臘陶瓶上出現過投票的畫面，在雅典保護神雅典

圖5　有伯里克利斯名字的陶片

圖 6　希臘陶瓶上的投票

圖 7.1-3　陪審團票櫃和投入的銅票

娜 (Athena) 的監看之下，雅典公民將石子投到票櫃裡去 （圖6）。流放制投票是用陶片。據說投票在廣場舉行，投票處四周用繩子圍起來，要投票的人帶著家裡陶器的破片，寫或刻好名字，進入投票處，投入票櫃。然後由監管的人計算票數。

　　此外陪審團也要投票。參加陪審團的公民有權投票決定案件的判決。在廣場的東北角曾發現了陪審團用的票櫃和投入的銅票 （圖 7.1–3）。

　　以上這些物證說明了投票在西元前五世紀的雅典城邦生活裡十分重要。現在，在廣場的旁邊建有一個廣場博物館，館中藏有百多年來在廣場出土的破陶片一萬兩千多件，各種形狀都有，上面都刻寫著人物的名字，偶爾也會加上例如「賣國賊」、「奸夫」、「驢子」、「媚外」等等罵人洩憤的字樣 （圖8、圖 9）。

　　在陶片上可以看到不少響噹噹人物的名字。例如：阿瑞斯泰底斯 （Aristeides，西元前 530～前 468 年） 是參加馬拉松戰

圖 8　廣場博物館一角

圖 9　展出的各式破陶片

役，擊敗波斯人的英雄之一，後被選為執政。但他因反對塞米斯托克利斯 (Themistocles) 將雅典人撤到船上，在海上與波斯海軍對決的戰略，後來被雅典人投票流放。在廣場上發現了不少刻有他名字的陶片（圖 10.1–3）。

　　有趣的是陶片上也有極多塞米斯托克利斯的名字　（圖 11.1–2）。他就是剛才提到那位主張和波斯人海戰，西元前 483～前 482 年的執政。他的政策被接受後，帶領希臘海軍在薩拉米斯 (Salamis) 附近打敗波斯海軍，成了拯救雅典的英雄。戰後他卻被流放。大家知道為什麼嗎？一個人一旦變成英雄，就有可能走向獨裁，成為僭主 (tyrant)，威脅城邦的民主體制。大家對他不放心，才把他趕走。這有點像第二次世界大戰後，英國人民隨即將首相邱吉爾趕下臺。當然雅典派系林立，政

圖 10.1–3　有阿瑞斯泰底斯名字的陶片，有些字母拼寫有誤

圖 11.1–2　這兩件破陶片上都有希臘執政塞米斯托克利斯的
名字

圖 12.1-3　在其他城邦發現以沾墨筆書寫的陶片

爭極多，流放制不免淪為政爭的工具，用以打擊政敵。這裡
所說兩位陶片上有名的人，正是政爭的敵手。

　　陶片流放制不只存在於雅典，也見於其他希臘城邦（例
如：Megara, Miletus, Argos, Syracuse）。先前看到的陶片都是刻
的，在其他城邦則曾發現用沾墨筆寫上名字的陶片（圖 12.1-
3）。可惜我們不是很瞭解這些城邦在制度上的細節。古代希
臘哲人曾把希臘諸邦的制度分成幾種不同的形式，以它的權
力在一個人之手、在多數人之手或在全體公民之手作為分類
的標準。城邦制實際上很複雜，每個城邦都不太一樣。在其
他城邦發現的帶名陶片是不是像雅典一樣，用於流放不喜歡
的政客，並不真正清楚。不過，學者一般多認為其他城邦是
從雅典那學來的，作用應該類似。

三　代筆？代寫？——
陶片流放制爭議的啟示

　　現在請大家看手中的資料。〈中國古代平民的讀寫能力〉

這篇是我新寫的論文的一部分（見附錄二）。我寫這篇，是因為讀到了研究希臘史的學者利用出土的陶片，討論雅典的公民有多少人識字？他們認為既然要投票，要在上面刻寫名字，這些人必須識字。所以，長久以來很多學者認為希臘，最少雅典這個城邦，在西元前五世紀的時候有非常高的識字率。

但是，1937 年在雅典衛城北邊山坡的水井裡發現了一百九十一件被拋棄的破陶片。學者仔細研究其上所刻的名字，發現一個極有趣的現象，就是其中有一百九十件名字相同，而很多筆跡居然一樣。他們小心比對筆跡各種特徵，包括拼寫習慣和錯誤後，把一百九十片分成十四組，認為它們很可能出自十四人之手。現在廣場博物館依照分組，將陶片展示出來（圖 13）。

這一發現非常重要。它意味著很多陶片應該不是投票者自己所刻寫，而是由少數人事先代寫代刻準備好，供投票者使用。這就引發了大問題：這樣一來，怎麼能根據這些陶片來研究雅典公民的識字率？爭議從此大起。

爭議有兩大派：一派認為這些陶片出自衛城北邊山坡水井中，不出於廣場，根本沒法證明曾被用來當票投。其他筆跡不同的陶片上萬，而且出自廣場，因此不能僅據極少數的陶片，推翻傳統認為識字率高的結論。西元前五世紀雅典民主制之得以實現，有賴於雅典公民較高的識字程度。2011 年劍橋大學出版的一本論西元前五世紀雅典民主和識字程度的書 (Anne Missiou, *Literacy and Democracy in Fifth-Century Athens*)，就

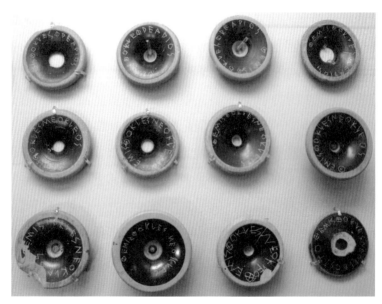

圖 13　廣場博物館展示　塞米斯托克利斯陶片 B 組的一部分 （B組原共三十三件）

採取這樣的觀點，甚至根本懷疑久為學界所接受，衛城北坡水井出土的一百九十片陶片出自十四人之手的說法。

　　另一派則認為應嚴肅對待代寫代刻的現象，廣場上出土的應也有代寫代刻的；只要有人代寫代刻，不論陶片是否曾用在投票上，就證明公民中確實有人連名字都不會寫。阿瑞斯泰底斯被鄉下投票者要求代寫自己的名字在陶片上的故事（參附錄二），就證明雅典有投票權的公民確實有不會寫名字的。因此，不應過高估計識字率。爭議的細節和各種論證，當然比以上說的要複雜。爭論七十幾年，到今天還沒停。大家如果有興趣多知道一些，請參看附錄所徵引的書和論文。

　　就是這個延燒已久的爭論，使我得到了啟發。當我回頭看有關古代中國識字率的研究，赫然發現迄今居然沒有人將代筆和代讀這一普遍存在的現象納入考慮。

　　大家知道這幾十年出土的秦、漢地方行政文書非常多，湖北雲夢睡虎地秦簡、湖南龍山里耶秦簡、長沙東牌樓漢簡、甘肅敦煌、居延漢簡等等。湖北荊州也出土了很多西漢簡牘，

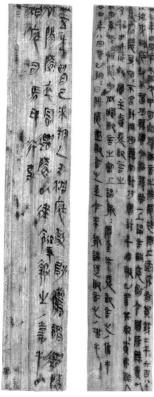 

圖 14.1　湖南龍山里耶秦牘　　圖 14.2　荊州紀南松柏漢牘

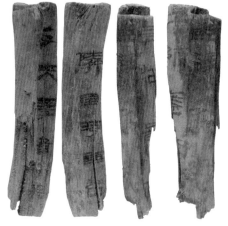

圖 15.5–8　大英圖書館藏漢代敦煌出
土習字簡

圖 15.1–4　居延出土習字簡

有些已發表，還有很多正在整理中。湖南長沙出土了大量西
漢、東漢和三國吳簡，郴州出了數百枚晉簡（圖 14.1–2）。
此外，各地還出土了不少公私書信，有些寫在簡上，有些寫
在帛上。更有趣的是伴隨這些簡帛，還出土了很多習字簡或
多面體的習字觚（圖 15.1–8）。這些都是研究秦漢書寫和識
字程度非常好的第一手材料。

　　此外，不論出土或傳世，還有很多刻或寫在金、銀、銅、
陶、骨、玉、漆器上的題銘，或墓室壁上或刻或寫的榜題文
字，甚至墓磚上的文字，都可以幫助我們瞭解古代社會上，

不同階層的人到底有多少能識字書寫，如何學習，又用在哪些場合。或許由於出土材料越來越多，不免帶給大家一種錯覺：中國古代如果沒有相當高的識字率或相當普及的教育，怎可能在地方上留下這麼多各式各樣用文字書寫的東西？

這幾十年來，雖然有不少學者談到傳統中國識字率或讀寫程度的問題，受限於材料，談宋、元、明、清以後的多，談古代的少。但這些年，正如前面所說，因為戰國至秦漢的出土材料大量增加，很多學者集中力量於釋讀簡牘帛書等材料上的文字，或據以瞭解當時地方行政的組織和運作。例如，怎麼收稅、怎麼建立戶籍、怎麼處理司法案件等等。如果是書信，則比較側重如何解讀書信的內容和格式。談到古代識字問題的書和論文相對要少得多，但已有漸漸多起來的趨勢。

大家也許知道，中國古代的地方行政一般是由本鄉本土的人來擔任。縣以上的官位由皇帝老爺任命外地人充任，縣以下的鄉里小吏，基本上由郡縣首長任命本地人擔當。這就產生了一連串的問題：在地方鄉里擔任小吏，須要識字到什麼程度？在哪學？怎麼學？有多少人有機會學？不同的地方能培養多少人，足以擔當一地起碼的行政工作？當然，還可以問：他們都是什麼樣的人？有什麼資格限制？有錢人或窮人？小吏的後代？或者不論出身，只要能寫字，就能成為小吏？……我發現討論這些問題的不多。即使有人提到，有時也把它視為當然：既然地方上留下那麼多文書，似乎就該有足夠的人能識字和處理公文。

　　此外，秦漢有所謂的「自占」制度，就是說老百姓要自己申報財產，申報人口等等。但是他們怎麼報上去？是書面還是口頭？如果是書面，他們會寫字填表嗎？如果不會，由誰代筆？老百姓訂契約、打官司也一樣，自己寫契約、狀子？還是找人代寫？

　　如果想想前面所說古希臘的陶片，想想近世中國的一些記載，我們是不是應該認真對待傳統社會中長期存在的代書、代筆現象？一直到近代，農村的老鄉們不見得可以自己提筆，找別人幫忙寫信、寫狀子、寫契約非常普遍，自己頂多在寫好的文件上打個手印或作個記號。嘉慶四年（1799年）臺灣淡水八里坌福仔兄弟將土地租佃給別人，在契約上有代書人、知見人等等，福仔兄弟則在他人代筆的文件上紮紮實實打上自己的手印（圖16）。

　　以前讀余秋雨的《借我一生》，說他小時候在老家浙江餘姚橋頭鎮，村子裡沒有人會讀書寫字，他母親是「全村唯一有文化的人，因此無論白天夜晚，她都要給全村鄉親讀信、寫信、記賬、算賬」。余秋雨四歲讀書，七歲就成了母親這差事的接班人。這是一個非常簡單的例子。浙江餘姚可以說是明清以來全中國最富庶的

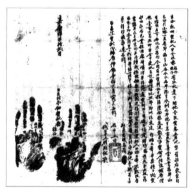

圖 16　嘉慶四年臺灣淡水八里坌租佃地契

地方之一，識字的人還這麼少，其他地方可想而知。

我一位好友的母親，抗戰時是入伍的知識女青年。她在回憶錄裡提到，當年軍中女兵除了任看護，納鞋底，補衣物，照顧士兵生活，還有一個主要的工作就是代不識字的士兵寫信。家父早年棄學從軍，抗戰末期在連隊裡當副連長。據他說，一個連的兵，沒幾個識字，班長、排長識字就不錯了。

2001 年有位美國 《紐約客》 雜誌的記者在中國各地旅行，並在河北北部燕山腳下一個叫三岔的小村子租屋居住多年，後來將見聞寫成書《尋路中國》(2010 年上海譯文出版社出版中譯本)。書中提到這個小村的人過去多數是文盲，因此沒有什麼歷史資料留下來。他房東家裡仍藏有前清光緒年間祖傳的地契，但房東認不得地契上的繁體字。這位洋記者不但讀給房東聽，還發現契約實際是請人代筆書寫，畫押的農人其實是文盲。這情況和前面所說臺灣淡水八里坌福仔兄弟的租佃契約頗為相像。

如果把這些近世的現象放在心上，不禁要問：那古代呢？秦漢時代的平民教育和讀寫能力比近世要強嗎？我們完全沒有數據可去做比較，但我們應該提高警覺：戰國、秦漢簡帛文書出土雖多，並不代表識字能書的人一定多。如果把出土的文字材料直接當做反映識字普遍程度的材料，就會落入誤區。曾有學者看到湖北雲夢睡虎地四號秦墓出土的木牘書信（圖 17.1–2），就推論秦代士兵能寫家信，反映了秦代社會頗高的識字率。如果考慮雅典的代筆陶片，我們就不宜再這

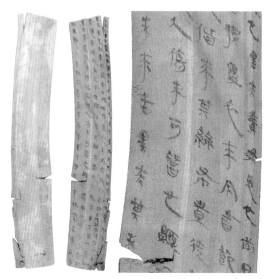

圖 17.1–2　雲夢睡虎地四號秦墓出土書信牘
正背面及局部

麼簡單地說了。

　　因為古代中國確實有以代人抄寫為職業的。近年湖北江陵張家山西漢初墓出土大量竹簡。其中《二年律令》的部分，在〈盜律〉篇題下出現了和律令內容無關的「鄭妖書」三字，一般相信「鄭妖」就是抄寫這些簡的書手。秦漢墓中出土大量的文書簡，應該有很多就是由這些職業書手所抄。

　　他們代人抄寫陪葬文書，自然也可抄典籍、抄文件，代人寫信、寫契約或寫狀子。傳世文獻不時提到有人因家貧，為人「傭書」，就是為人抄書。班超投筆從戎前，就幹這活維生。漢代抄書用竹簡、木簡，已有了賣書的書鋪。王充年輕時，家沒錢，專到書鋪看書，強記在心。這些書鋪的書，無

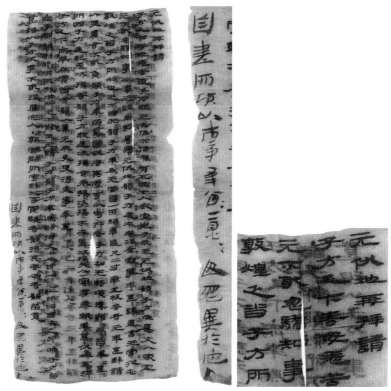

圖 18.1–3　敦煌懸泉置出土帛書及筆跡工拙比較

疑都是由職業書手在竹木簡上抄寫而成。

　　書手代人寫信的例子見於漢代敦煌。在甘肅敦煌漢代懸泉置的遺址裡，曾出土了一件寫在帛上的私信（圖 18.1–3）。這封信非常清楚是一封代筆書信。全信寫得工整漂亮，信末加了一行字，書法頗不一樣。有趣的是末行開頭，特別註明是「自書」。由此可見，除了這末尾一行，其他應是請人捉刀。這封信的主人是一位管倉庫的吏，他雖能自書，還要請

人代筆，令人有點意外。這是因為他不善表達，怕詞不達意？或有其他原因，現在已難追索。

除了古中國和古希臘，在古代埃及和羅馬，代筆也非常普遍，都有例子，也有研究，這裡不多說了。總之，因為我讀到有關希臘古代陶片流放制的研究，注意到他們分析筆跡而引發的爭論，啟發了我回頭去看出土的秦漢簡帛文書、銅、石、玉、漆、陶、磚上的題刻以及私人書信等等，反思代筆的存在會如何影響到我們對中國古代讀寫普遍程度的判斷。

代筆的存在也使我反思研究古代的識字率，今天的人恐怕不知不覺之中會將今天的經驗投射在對古代的認識上。今天要在社會上生存，大概不可能沒有起碼的閱讀識字能力。因此，我們不免以為古代也是這樣，而誤認古人也像今人一樣，應有很高的動機去學識字讀書。因為古代有「萬般皆下品，唯有讀書高」這類的話，古書裡也確實有棄農就學、鑿壁借光、以蒲柳葉習字等等激勵人學習的故事。

其實在古代農村，對絕大部分的人而言，主要是靠聽和說溝通，不是讀和寫；聽和說遠比讀和寫重要和實際。傳統農村的人講究信用，所謂「一言既出，駟馬難追」，很多時候憑一句話，根本不寫字據。萬一要寫字據，找人代寫就解決了。秦漢政府要求老百姓自行申報財產和人口，老百姓也須要到官府打官司，這些事基本上多先用口說，再由代書或訟棍代寫成狀子，或由官府小吏錄成文字。《漢書‧朱博傳》曾記載這樣一個故事：

（博）為刺史，行部，吏民數百人遮道自言，官寺盡滿。
從事白請且留此縣，**錄見諸自言者**，事畢乃發。

漢武帝時分郡國為十二州，每州有一負責監察郡國的刺史。
朱博當刺史，在州內巡察，走到某縣時，有老百姓幾百人趁
機攔路「自言」，說白了就是攔路伸冤。因攔路的人太多，隨
行的屬吏建議朱博暫時停留，「錄見諸自言者」；「錄」是記
錄，「見」是接見，這是說要接見並記錄他們申述的冤情。

　　申述的人用「說」，處理的人用「聽」，這也就說明為什
麼古代官員處理公務的地方叫「**聽事**」，處理官司叫「**聽訟**」。
孔老夫子曾有名言：「聽訟，吾猶人也；必也使無訟乎！」處
理官司用「聽」，官司兩造或疑犯所說的叫「**口供**」。從「口」
和「聽」字就可以知道，要能處理官司，先決條件是處理的
官或吏能聽懂老鄉們的方音，否則辦不成事。中國各地方言
多極了，隔個幾十里地，話就不通；由此就很容易瞭解，為
什麼古代任用縣以下的親民小吏，非用當地人不可。

　　以上這些反思，一時也許還不能導出什麼重要的結論，
今天之所以要談，主要是我想自我警惕，今後如果作相關的
研究，不論是識字程度或地方制度，須要考慮到方言、聽、
說、代寫這些最基本的因素。

四　羅馬帝國的禁衛軍

　　接著我要簡單介紹一下羅馬帝國時期的禁衛軍 (cohors praetoria)。「禁衛軍」是中文譯名，它的拉丁文原義是指帶兵官營帳前的營隊。共和時期已有帶兵的將領例如凱撒、安東尼從所率的兵士中挑選精壯，組成自己的衛隊，守在自己的帳篷前。到奧古斯都時代，它制度化成為在羅馬皇帝左右最堅強的武力。禁衛軍分為九個營，負責皇帝和羅馬城的安全（圖 19）。初期總人數約在四千五百左右。

　　不過帝國統一後，奧古斯都卻遇到如何駐紮這批人馬的

圖 19　禁衛軍士兵浮雕石刻

問題。原來羅馬共和時代有一個悠久的傳統，就是不能在羅馬城內駐紮軍隊。任何軍團的帶兵官進入羅馬，必須先解除武裝。我想大家一定都相當熟悉羅馬共和末期的軍閥混戰。很多參加政爭的軍閥私自招募軍隊，要求軍隊對他們個人效忠。為了政爭，軍閥政客不惜揮軍殺入羅馬，留下羅馬人記憶中最黑暗的一頁。

　　奧古斯都號稱恢復共和，不允許這樣的事再發生。戰爭結束後，他大事裁減軍隊，將裁剩的二十八個軍團一律分駐到離羅馬遙遠，有外患疑慮的邊區行省。但禁衛軍呢？羅馬城和皇帝總不能沒有保衛的力量。他設計了一套巧妙的安排：第一，駐紮禁衛軍在羅馬城外（圖20），這樣就保住了共和

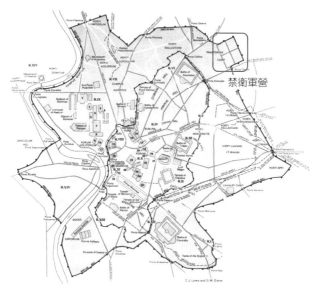

圖 20　羅馬城規模變化及禁衛軍營位置圖

城內無兵的傳統。第二，同時任命兩位比元老階級低一級的
騎士階級的人 (equites) 當禁衛軍的統領。他們出身較低，在
羅馬的傳統裡，比較不可能率軍奪權。更何況有兩人，相互
牽制，任誰都無法掌握全部的禁衛武力。第三，禁衛軍在城
外，兩位統領卻留在城內。兵、將分離，減少了他們謀亂的
機會。奧古斯都一方面倚重兩位統領為左右手，另一方面也
就近監管他們。妙不妙？奧古斯都如此煞費苦心，以為可以
為帝國帶來和平和安全，萬萬沒想到，他死後的發展完全出
乎他的意料。

　　在進一步談禁衛軍之前，我們還得稍稍回顧一下羅馬共
和時代的政治傳統。其實，共和時代的羅馬有點像雅典，基
本上認為城邦的公共事務應該由城邦公民參與，當然主導參
與的是人數不多且富有的貴族階級；在羅馬，就是所謂的元
老 (senator)。羅馬社會也有依財富而來的階級制度。馬克思就
是在綜合研究了希臘、羅馬社會和政治發展的歷程，而提出
了他著名的階級鬥爭論。階級鬥爭的觀點，亞里斯多德老早
在論雅典政制時就已提出過。這不是今天的主題，不去談它。

　　不過，這種階級鬥爭的現象在羅馬共和史上也可以看到。
據羅馬史家李維 (Livius) 的記載，羅馬的平民一步步從貴族手
中爭取權利。平民爭取制訂和公布十二表法是較早的例子。
後來爭取設立保障平民權益的保民官等等。西元前 139 年，
甚至爭取到祕密投票。

　　羅馬平民爭取權益的手段和過程比雅典要和平得多。許

多史家都曾指出羅馬人特別懂得政治妥協的藝術。雖然歷經鬥爭，卻不曾流血。其次，羅馬平民能爭取到權益，比雅典人更不容易。因為第一，雅典公民投票是一人一票，以多數票決定一切。羅馬人卻是以區部 (tribus) 或百人連隊 (centuria) 為單位，一個單位投一票。投票時又以較有錢人組成的單位優先，如已達到多數，由資產較少的人組成的單位，根本沒機會投票。

　　其次，羅馬社會特別有一種其他社會所沒有的「庇主 (patronus)—部從 (cliens)」依附制。一個公民在社會上，必須投靠某一個身分比較高的人作為自己的「庇主」（通常是元老階級的人），由庇主保障部從的權益。相對的，部從也必須唯庇主是聽。庇主怎麼投票，部從們也必須怎麼投票。因此羅馬公民雖然名義上都是自由民，實際上身為部從的多數人，僅僅是少數庇主操縱的投票部隊。只有庇主們，才享有所謂的「自由」。

　　總之，嘗不到「自由」滋味的羅馬平民，竟然能在幾百年裡一步步爭取到較多的政治權力和保障。元老階級為了自己最大的利益，表現智慧，適時妥協，免去了衝突和不安。西元前 139 年終於成功立法，將傳統的口頭唱票改為祕密投票，保障投票不受干預。兩年後，為了紀念實施祕密投票制，甚至還發行過錢幣，從錢幣上可以看見羅馬人如何將票投入票櫃（圖 21.1–2）。

　　我講這些，基本上是想說明三點：第一，「自由」和「民

圖 21.1-2　祕密投票制紀念幣

主」須要靠爭取，餡餅不會從天上掉下來。第二，羅馬共和時代的元老們富於政治智慧，懂得妥協的藝術，成就了共和時期社會的進步與和諧。第三，共和時期的羅馬類似雅典，都有一個城邦傳統，在許多公共事務上由公民投票決定公眾的事，雖然羅馬沒有雅典那樣的直接民主和抽籤出任公職的事。

可是等到屋大維 (Octavius)，也就是後來的奧古斯都皇帝（Augustus，西元前 27～西元 14 年在位）掃平群雄，一統江山，他雖然口口聲聲說恢復共和，實際上他獨握大權，羅馬從此走入專制的時代。共和的傳統和理想已成為越來越遙遠的記憶。

記憶雖遙遠，保守的羅馬人從沒有遺忘傳統，共和傳統仍深深影響著帝國歷史的發展。羅馬禁衛軍其所以能夠在帝國初期扮演舉足輕重的角色，一大原因正在於這個揮之不去的傳統造成了帝國權力轉移上的困局，而給了他們插手的機會。

五 禁衛軍與帝國權力轉移

　　奧古斯都一直以恢復共和相號召。帝國建立後，他一方面須要維持共和的面紗，承認他所擁有的權力來自於全體羅馬公民（圖22），形式上必須由代表公民的元老院按照法律，一年一年授給他不同公職上的權力。他要轉移權力，理論上不經元老院的同意就不具合法性。帝國大權既然不是他的私產，他就不能像東方式的王朝一樣，依照王朝繼承的辦法，制度化地任命太子。另一方面他又不願帝國的權力落入外人手中，而希望由自己家族的人繼承他辛辛苦苦打下的江山。制度和期望之間有了矛盾。

　　奧古斯都在位數十年，令他傷透腦筋的事莫過於如何在家族中找到合適的權力接班人。他沒有兒子，只有女兒。他被迫屢屢利用女兒的婚姻，創造有家族關係的接班人，卻一再因種種原因失敗。最後被迫認養一位年歲已大的舊部將

圖22　奧古斯都錢幣上有代表「羅馬元老和人民」主權的 "S.P.Q.R." 字樣

圖 23　臺伯留斯石雕像

——臺伯留斯（Tiberius，西元 14～37 年在位）為養子（圖 23），又刻意在生前先轉移部分權力給他，才完成了接班的布置。

因為奧古斯都要在共和的面紗之下行王朝繼承之實，而王朝制和共和傳統之間實有難以調合的矛盾，因此，他只能隨機應變，遮遮掩掩作些曲折的安排，既沒元老院的同意，也沒立法。權力最後雖成功轉移，具合法正當性的制度卻沒有能夠建立。在缺乏合法制度的混沌曖昧狀態下，接班大戲每每靠軍人收場。駐紮在羅馬附近的唯一強大武力——禁衛軍，就成了決定性的力量，而他們的頭頭每在一番利害權衡之後，決定了誰會是下一任的皇帝。

六　禁衛軍統領與羅馬皇帝的命運

今天我要談的重點不是以上這些，而在禁衛軍的頭頭必然是羅馬皇帝最信任的人。我想誰都可以理解這個道理。統治者在京城擺個最強大的武力，控制這支武力的非是他最親信的人不可。對吧？問題是：最親信的人往往也是最危險的

人。羅馬皇位幾百年的繼承大戲都可以作為這句話最好的註腳（參附錄四）。

限於時間，以下僅舉兩個例子。第一個是奧古斯都的接班人臺伯留斯。前面提到奧古斯都在生前，費盡心機製造合適的接班人。因為他沒有兒子，只好利用女兒，培養女婿來接班。他最後的女婿臺伯留斯能順利接班，一個實質因素是禁衛軍謹守分際，適時表態支持了臺伯留斯。下面我要特別說一下臺伯留斯和他的禁衛軍統領色迦祿斯 (Sejanus) 之間原本親密信任的關係。臺伯留斯即位時年歲已大，凡事聽信色迦祿斯，最後甚至幾乎將國政全權委託給他，但在最後一刻，臺伯留斯忽然發現色迦祿斯有陰謀，先發制人，幹掉了這個最信任的人。

臺伯留斯原本一直不是奧古斯都屬意的接班人。他一生跟隨奧古斯都，但不受主子青睞，充滿挫折，最後奧古斯都不得已，選擇了臺伯留斯。臺伯留斯勉強在禁衛軍的支持下接了位。他有個兒子，西元 23 年卻先病死。兒子死後，六十餘歲的臺伯留斯心灰意冷，26 年離開了羅馬城，到那不勒斯外海的一個小島上隱居起來。

他把羅馬的政治全部交給了禁衛軍統領色迦祿斯，公開宣稱色迦祿斯是他「分勞的夥伴」(socius laborum)。分勞夥伴不是一個正式的頭銜，但他公開這樣宣稱，是讓大家知道，他是如何信任色迦祿斯，值得託付國家大事。

西元 31 年，臺伯留斯甚至破例任命色迦祿斯為執政

圖 24　西元 31 年發行的臺伯留斯和色迦祿斯
同任執政銅幣

(consul)（圖 24）。這是真正的破例。為什麼？我剛才講過，
奧古斯都用盡心思要防止軍隊干政，禁衛軍的統領都是由比
元老階級低一級的騎士來充任。騎士階級根本沒資格出任執
政。他們多擔任中低級軍官、稅吏或包稅商，在政治上了無
號召力。因此奧古斯都和臺伯留斯才比較放心，讓這樣的人
出掌禁衛軍。現在臺伯留斯居然提拔這樣一位騎士階級的人
和自己在西元 31 年一起擔任執政，跌破當時所有人的眼鏡。

　　大家知道，從共和時代開始，羅馬有一個與中國非常不
同的地方。在古代中國人的觀念裡，「天無二日，地無二王」，
天下大權歸天命所鍾的一人所有，這個大權絕對不能分割。
可是在羅馬人的觀念裡，權力可分割。自共和時代開始，執
政就同時有兩人，兩人可互相否決，互相平衡，以防一人獨
裁。如在緊急狀態下必須集大權於一人，由元老院任命一人
為笛克推多 (dictator)，但也僅限期六個月。兩人當執政是共和
的老傳統，奧古斯都保持了這個傳統，臺伯留斯和色迦祿斯
同任執政，因此也可說是遵從傳統。但是臺伯留斯以騎士出

任執政,則無論如何都是打破傳統。最後他甚至考慮讓色迦祿斯和自己的兒媳結婚。這是一個非常強烈,有意以色迦祿斯接班的信號。因為奧古斯都就曾用這套辦法建立接班人。

我舉這個例子是要說明,羅馬皇帝和禁衛軍頭頭之間,關係可以親密和信任到什麼程度。但是誰也沒有想到,色迦祿斯突然在最後一刻失去了臺伯留斯的信任,以陰謀作亂被殺。當時真相如何?歷史記載一片模糊,謎團至今難解。總之,元老院隨即下令毀去一切有關色迦祿斯的雕像、紀念碑和紀錄,甚至削去錢幣上他的名字(圖 25)。

色迦祿斯死後,臺伯留斯任命另一位騎士當禁衛軍統領。在禁衛軍的支持下,臺伯留斯家族的蓋烏斯 (Gaius),別號卡里古拉 (Caligula),即位為第三任羅馬皇帝。卡里古拉可以說是一個瘋子。但是他賞賜禁衛軍大量的錢,換取他們的支持,當上了皇帝。從此以後,沒有禁衛軍或地方軍團的支持,沒有人能當上羅馬皇帝。西元一、二世紀間的大歷史家塔西佗 (Tacitus) 曾留下一句名言:「羅馬帝國是在兵士的手中。」

圖 25　錢幣右下邊緣原有色迦祿斯的名字,但被刻意削去

　　這話一點不假。這類例子在羅馬史上太多太多。僅舉一個最誇張的例子，發生在西元二世紀末。上回我們提到導致羅馬帝國走下坡的皇帝康摩多士。他被禁衛軍暗殺後，禁衛軍擁立康摩多士的岳父裴提納克斯 (Pertinax) 當了八十七天皇帝（圖 26）。但是他拒絕支付原本答應給禁衛軍的賞錢，而被禁衛軍殺掉。禁衛軍頭頭倉促間，找不到可擁立的人，最後決定拍賣皇位。當時有兩個元老貴族來競標，一個在禁衛軍的軍營裡，一個在軍營外面喊價。最後是裘利阿祿斯（Julianus，西元 193 年在位）喊價成功，當上了羅馬皇帝（圖 27）。很多歷史學家都不相信這個故事，因為羅馬二世紀以後的記載充滿謠言八卦，可信度很成問題。可是就歷史發展的脈絡來看，出現這樣的故事一點也不奇怪。

　　以上講這些的重點不在軍隊如何玩弄羅馬的皇位繼承，而在羅馬皇帝養隻老虎在身旁，必須找到極可信任的人看管老虎，否則自己反而會被虎咬。早年讀羅馬史，這一點留給我極深的印象。

圖 26　裴提納克斯的金幣　　圖 27　裘利阿祿斯的金幣

七　從羅馬禁衛軍看漢代護軍

接著要說說羅馬禁衛軍和皇帝的關係如何啟發了我對漢代護軍的認識。分給大家參考的這篇小文章不過三、四頁（參附錄三）。當初寫它，是因為我看到研究制度史的同事，為文論漢代的護軍制度。他的主要論點我很贊成，也就是說護軍的作用原本在於監軍。

但是有一個奇怪的現象，就是在兩漢史料裡找不到例子可以說明護軍到底是如何監軍的？按道理，如果是監軍，像唐代或明代，通常是皇帝派身邊親信的人，常派宦官，到外地戍守或出征的軍隊裡，監督領軍的將軍確實遵照皇帝的方略用兵。軍隊到哪，監軍跟到哪。如果發現將軍不按指示行動，或規勸，或就打小報告給皇帝，當皇帝的耳目。

可是通兩漢竟然找不到任何一位護軍打過小報告，或幹過其他說得上是皇帝耳目的事。我同事這篇論文還注意到漢武帝時除了護軍，開始出現監軍使者。這是怎麼一回事？護軍如果就是監軍，為何還須要另派監軍使者？找不到好的解釋。

拜讀同事的大作，我不禁立即想到羅馬的禁衛軍以及漢初劉邦和陳平的故事，而得出了一點不同的想法。照《漢書‧百官公卿表》的說法，護軍都尉是秦代的職官。劉邦打天下時，曾先後任命陳平和隨何為護軍中尉，《史記‧陳丞相世家》說漢王劉邦要陳平「為參乘，典護軍」。這話的意思是劉

邦要他和自己同乘一車，以中尉掌典護軍部隊。

　　大家都知道陳平足智多謀，原追隨項羽，後轉而投奔劉邦，劉邦一見，就決定留他在自己身邊。《史記‧陳丞相世家》接著說這位典護軍的陳平「使監護軍長者」。據顏師古注，「護」有監視的意思。由此可以推想護軍就是一種監視諸軍將領的監軍。但是如果陳平和劉邦一同乘車，同出同入，又如何去監視率軍在外的將領呢？原來不是陳平親自去監視，而是由他手下的一單位人馬去擔任。這一單位人馬不知有多少。但我們知道應是分成若干「校」，校有校尉統帥。一般一校有五百人。總之，他們就叫護軍，陳平是護軍中尉，是護軍部隊的總頭目。

　　所謂「監護軍長者」，我覺得一個較妥貼的理解應該是既監視又保護諸軍將領。監視和保護常常是一事的兩面。也就是說，劉邦身邊有一支親信可靠的親衛隊，陳平是隨侍在側的衛隊長。他不僅親自負責劉邦的安全，他手下的護軍也分派出去，擔當諸將的保衛，同時發揮監視的作用。對漢王而言，護軍的作用是保衛；派護軍去「監護」諸將，則是藉保衛之名，而行監視之實。

　　不過，從羅馬皇帝和禁衛軍統領的關係看，我認為劉邦任命陳平為護軍，還有另外一層更重要的意義，就是留他在身邊當左右手，參謀大計。大家知道陳平以鬼點子多出名，先先後後出過不少點子，安邦定國。《漢書‧陳平傳》說他曾「六出奇計」。劉邦知人善任，當年看上他，就憑這一點。大

家不難在《漢書‧陳平傳》裡找到他的奇計。例如有一回劉邦在白登被匈奴包圍，危在旦夕，靠陳平的詭計，劉邦才逃過了一劫。劉邦用隨何為護軍中尉，也是因為楚、漢對峙時，隨何膽識過人，用計說服黥布棄楚歸漢，劉邦要留他在身旁當智囊。

　　我要說的重點是中國傳統制度的一大特點就是事隨人轉，官名和職掌表面相同，實際工作卻可因人因時而異。研究古代官制，絕不能死看《漢書‧百官公卿表》這類文獻。在秦，護軍原本是監軍。到了楚漢之際，因陳平、隨何擔任這個職位，得到劉邦信任，一方面保衛安全，一方面參與議謀，成了皇帝信靠的左右手。從此護軍的職能可能就有了變化，監不監軍反成了次要。護軍負責安全，其頭頭又為上司左右手，這種情況和羅馬皇帝與禁衛軍統領之間的關係，非常相似，而其更深一層的共同點是不論護軍或禁衛軍統領，都必然是皇帝最信得過的人（圖28）。

　　如果掌握到這一點，許多後續發展和現象都好解釋了。漢武帝雄才大略，一反漢初以來和親政策，大事北征匈奴。北征除了仰賴邊郡擅騎射的良家子和關西將校世家，更需要用一批皇帝信得過的人統領大軍。衛青、霍去病、李廣利這些皇親國戚，在武帝眼裡，當然最信得過，因此成了統率各路

圖28　護軍印章

圖 29　陝西茂陵霍去病墓

人馬的大司馬大將軍（圖 29）。為了尊崇親戚，也為了保衛他們的安全，《漢書·百官公卿表》說元狩四年護軍都尉「屬大司馬」，這也就是說護軍都尉原屬皇帝，從此轉隸屬於大司馬，成為大司馬的衛隊長。

我們知道元狩四年這一年武帝初置大司馬，大將軍衛青和驃騎將軍霍去病都加號大司馬。而這一年，這兩大將軍各率五萬騎兵，步兵數十萬大舉北征匈奴。因此屬大司馬後的護軍都尉，很可能就有兩人了。護軍都尉手下的護軍，因負責統帥的安全，都是經過特別挑選，最精良的部隊。這一點也頗像羅馬的禁衛軍。以這樣的部隊保衛遠征的大司馬大將軍，一則用以表現皇帝的信任，二來也抬高統帥的權威和聲勢。

　　還有一項漢代的制度，須要特別先說明。漢代從中央到地方郡縣，單位主官都是由朝廷任命，主官所屬的幕僚屬吏則由主官自行除拜。也就是說武帝將護軍都尉轉隸大司馬，那麼按當時的慣例，護軍都尉從此即由大司馬去任命。我們雖不知道衛青和霍去病是否曾任命新的護軍都尉，但後來確有大將軍自行任命護軍頭頭的事例。較有名的是班固。東漢時，外戚大將軍竇憲征匈奴，「以（班）固為中護軍，與參議。」這話見於《後漢書‧班彪傳》和《北堂書鈔》引《華嶠書》。班固是由竇憲任命，不是由皇帝，十分清楚。其他的例子，還有，請看發給大家的論文。大家想想看，如果由將領自行任命衛隊長，這個衛隊長必是將領的親信，怎可能成為皇帝的監軍，當皇帝的耳目？如此一來，皇帝如果對出征的將領不放心，怎麼辦呢？只好另派身旁的親信當使者，去前線監軍。這是監軍使者為何會在漢武帝一朝出現的理由。

　　說到這，也許應該就清楚了。護軍在秦代原本是監軍，從劉邦開始用陳平典護軍，護軍頭頭成為皇帝的左右親信，受到信任，管的事就複雜了，既是隨身的保鑣，又是出主意的參謀。這種情景和先前所說臺伯留斯和色迦祿斯之間，極為類似。從兩漢一直到魏晉南北朝，有不少例證顯示，當護軍頭頭的不是和皇帝有特殊關係，就是最親信的人（參附錄三）。

　　不過，有一點和羅馬不同，在魏晉南北朝以前似乎沒有典護軍擁立皇帝或將皇帝幹掉的事。為什麼沒有？我不是曾

圖 30　柳公權書皇帝巡幸左
神策軍紀聖德碑拓本

說最可親信的往往就是最危險的人嗎？這牽涉到的制度、倫理、文化和個人因素，極為複雜，今天沒法去說。但在此後卻可找到不少例子。例如三國時，魏國的權臣司馬昭為相國，封晉公，飛揚跋扈，天子高貴鄉公內懷不安，聯絡侍中、散騎常侍等戒嚴，準備除去司馬昭。沒想到侍中和散騎常侍都倒向司馬昭，司馬昭召來其護軍賈充戒備。高貴鄉公知道機密泄漏，發兵攻司馬昭的相府，相府兵不敢動，這時賈充高聲叱責諸將說晉公「畜養汝輩，正為今日耳！」於是兵起，殺了天子。唐朝時，神策軍是唐中期以後足以左右政局的中央禁軍，頭頭叫護軍中尉。他們聽命於宦官，先後擁立過代宗、德宗、宣宗等等一連串的大唐皇帝（圖 30）。這就頗像羅馬的禁衛軍了。唐武宗時，曾親歷會昌滅佛法難的日本和尚圓仁在他著名的《入唐求法巡禮行記》卷四提到，武宗有感於神策軍太跋扈難制，一度想把左右神策軍護軍中尉的印收繳，交由宰相保管，但中尉竟然拒絕，「不肯納印」。武宗深知其中利害，也就「且縱不索」，不了了之。

　　唐亡，出現五代十國，後周的禁軍頭目叫殿前都點檢。

大宋開國祖趙匡胤原來是後周的殿前都點檢。他的前任張永德，是周太祖郭威的女婿，和周世宗有郎舅關係。周世宗因聽信謠言「點檢作天子」，懷疑張永德，改以趙匡胤接任。周世宗死後，他七歲的兒子即位為恭帝。沒想到受到信任的趙匡胤卻在禁軍的擁立下，奪孤兒寡婦的天下，建立宋朝。這可算是中國史上，以禁軍奪天下最著名的例子吧。

八 結　語

　　回到今天開頭所說，中國古代史的材料極為零星片段，我這篇小文能用的材料極有限，如果不是因為羅馬禁衛軍在我腦中飄浮，不是因為讀到我同事的大作，根本不會想到把某些看似無關的片段聯繫起來。在我的小文裡，一字沒提羅馬禁衛軍，今天利用這個機緣，交代一下文章背後問題意識的來源。立體的歷史須要多維的想像，想像的靈感有時竟然會存在在遙遠的天邊！

　　最後總結，今天我沒有去談什麼歷史學理論或哲學，僅僅非常簡單地舉了兩個實際的例子，希望多少說明了我怎麼去看歷史上的問題，又如何從中國以外的古史中得到啟發。

　　大體來說，過去這短短四講是試圖從不同的角度，強調視覺性或圖像材料不應再被放在我們考察歷史的視線之外，擴大視野到中國以外的歷史文化傳統，對我們回頭來看自己

的傳統會有一定的幫助。以上所說都是老生常談。是不是說
對了？不敢說。但我相信一個較深、較廣、較立體的歷史畫
面，如果能夠在大家心中浮現，人家就不算枉費時間坐在這
聽講。請多指教。謝謝。

主持人（章清）：謝謝邢院士，關於希臘羅馬史對於中國史研
　　究的啟示。今天做歷史研究的人，尤其是青年學生最困
　　難，感到最困惑的就是如何提出有意義的問題，有價值
　　的問題，今天邢院士分享的個人經驗也告誡我們要提出
　　有價值的問題，就不能把我們的視野限制在一個範圍內，
　　我想同學們聽下來有很多問題，請大家提問。

問　答

一、您剛才講利用出土文獻來解讀秦漢時期百姓的讀寫能力，
　　我想在這個課題上可能會遇到一個問題，就是當時的人口
　　統計問題，研究中國古代的讀寫問題是否會有這個障礙，
　　西方學者在面對這個障礙的時候，他們如何解決？

答：羅馬帝國頭二百年，沒有龐大的官僚體系，沒有像秦漢
　　一樣的上計制度，其結果是羅馬人不知道整個帝國有多
　　少人口。西方學者們曾經嘗試著用墓碑上的訊息去作推
　　算，墓碑上有姓名、男女、年齡各項資料，從墓碑分布

的密度，估算各地的人口數。其結果非常不可靠，爭議很大。因為人口數不確知，對識字率的估計出入就更大了。一個不得已解決的辦法是不作全帝國人口和識字率的估計，只就材料較有把握的地區，如埃及，作局部估計。相比之下，秦漢中國的條件好多了。秦漢時期因為已建立完善的上計制，地方各級單位每年必須層層上報地方人口、土地、糧產等數字到中央，中央充分掌握這些統計，因此靠蘭臺祕府檔案寫成的《漢書‧地理志》有非常清楚全國和各郡的人口數字。這幾十年出土的簡牘資料裡也有大量不同層級郡、縣、鄉、里的人口統計數字。我比對文獻和出土材料之後，不得不歎服秦漢帝國的行政效率，人口統計可以說非常精確。雖然那時已有腐敗和作假，但大體上必須說，秦漢帝國行政達到的高度，後世一直到民國都無法相比。因此作秦漢識字率研究，最少在人口數上，有比較可靠的基礎。但是我先前說過，我們不能把現在所看到的文獻和出土文書、書信等直接當做反映識字率的材料。其次，在概念上，所謂的識字率也須要更細化。社會上不同階層、職業的人，所須要的識字程度，並不相同。到什麼程度才算識字？會寫自己的名字？會寫信、記帳？看得懂公文、契約？還是能作詩，讀聖賢書？差別很大。希臘和羅馬史家在討論識字率時，已作了很細的概念劃分。這方面，我們還得多參考，下功夫。

二、您在講到羅馬禁衛軍和皇帝之間的關係時，提到政府發
　　行錢幣，表現禁衛軍對皇帝的忠心。之前您還提到一個
　　例子是仕錢幣上呈現祕密投票。錢幣上的圖像表現是一
　　種視覺手段，而發行錢幣又是一種金融或財政手段，羅
　　馬社會將這兩種手段結合起來進行宣傳的方式，不知您
　　如何看待？

答：大家想想看，在古代沒有我們近代各種各樣的媒體。古
　　代人搞宣傳最好的手段是什麼？為什麼在古代的希臘、
　　羅馬有那麼多的雕像，中國沒有？為什麼那些統治者要
　　造個大雕像放在路口、神廟、市場等公共場所？我曾說
　　過，統治者的統治正當性、合法性，源於那些被統治者
　　的同意，這是城邦制的根本精神。執政者要透過各種手
　　段，爭取有投票權的公民的認同和支持。因此需要宣傳
　　自己的豐功偉業，例如：如何打敗蠻族，保衛了帝國的
　　安全。圖拉真皇帝打敗多瑙河的蠻族，就立根紀功柱在
　　廣場上，讓大家都看見。錢大家都要用，放在口袋裡；
　　羅馬百姓一掏出錢，就看到皇帝什麼樣貌？叫什麼？有
　　什麼頭銜？又做了哪些事？錢幣人人都愛，人人都會放
　　在口袋裡，豈不是最好的宣傳媒介？當然在羅馬還有別
　　的宣傳渠道，譬如說尼祿或者哪個皇帝為百姓舉行一場
　　盛大的鬥獸會，所有老百姓都到鬥獸場，皇帝也來了，
　　與民同樂。這是皇帝和百姓非常直接面對面，爭取認同
　　和支持的機會。不直接見面，怎麼辦？用錢。在古代希

臘、羅馬的錢幣上可以看到神像、統治者頭像，還有各式各樣的圖案，不只有祕密投票，這些圖案正是我們瞭解羅馬政治史、社會史、經濟史非常好的材料。

中國古代的錢幣就是孔方兄。秦漢兩代不是「五銖」就是「半兩」，除了兩個字，其他什麼都沒有。為什麼這樣？因為中國的統治者不需要對老百姓搞宣傳，他統治的合法性及正當性源自天命。皇帝最重要的事是每年去上陵祭祖、祭天。如果國泰民安，四夷歸順，就會考慮去行封天禪地的大典，向天地告成功。他們跟天地的關係，比老百姓更密切和親近。秦漢錢幣一律圓形帶方孔，象徵的就是天地。中國老百姓常常覺得「天高皇帝遠」，就是這個道理。這是古代中國和希臘、羅馬的大不同。

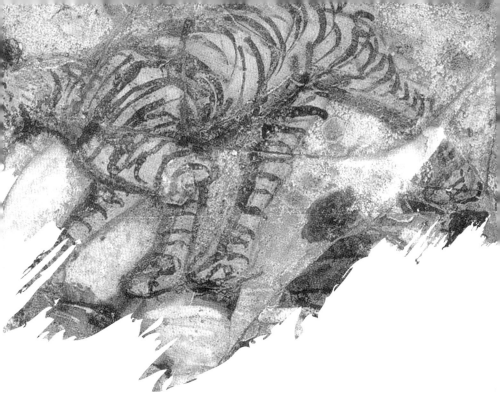

附 錄

再論「中原製造」——歐亞草原古代金
　　屬動物紋飾品的產銷與仿製

中國古代平民的讀寫能力

略論漢代護軍的性質

奧古斯都的繼承者與禁衛軍

再論「中原製造」──
歐亞草原古代金屬動物紋飾品的產銷與仿製

前述第一講時，曾針對草原斯基泰風格金屬牌飾等工藝品的生產者，略略提過以下的揣測：

> 1999 年在西安北郊北康村發現了戰國鑄銅工匠墓，可以說為解決這個問題提供了迄今最有利的證據。墓中發現了很多用於製作金屬工藝品的泥製模具和工具，因此可以判斷墓主的身分是一個工匠。從出土模具的紋樣，可以清楚看到泥製模具上馬的形象，完全具有草原斯基泰文化藝術的特色，將它和黑海出土的銅馬飾對比，在總體造型和向前反轉的馬腳這最具代表性的特徵上，幾乎一致。

> 這位工匠的墓位於今天西安北郊，墓主應是戰國時代的秦人。他卻依草原遊牧民族所喜愛的樣式，製造銅飾品。**這強烈暗示遊牧民族的銅飾品至少有一部分產自中原。**華夏中原從戰國時代開始不斷接觸遊牧民族，接受他們的騎射、養馬技術及相關的信仰，同時中原的工匠也製造了大量工藝品輸出到草原。大家知道，漢王朝經常大量賞賜絲綢、糧食、各種工藝製造品給歸順或尚未歸順的草原遊牧民族。寧夏文物考古研究所的羅豐先

生在 2010 年第 3 期《文物》上發表了一篇論文〈中原製造——關於北方動物紋金屬牌飾〉。論文裡面收集了大量這方面的材料，我很同意他的看法，大家可以進一步參考。

以下舉一個羅豐沒提的例子。前蘇聯哈薩克共和國境內阿拉木圖 (Kargaly) 曾出土一個時代屬西漢晚期，鑲嵌綠松石的金冠邊飾。雖然已經斷裂，但**很可能是當地工匠吸收了漢代中原工藝母題元素，也可能即由中國工匠為草原民族所製造**。阿拉木圖一帶在漢代是烏孫國的所在，烏孫久為漢代盟國，漢公主曾下嫁烏孫王。因此這裡出土中原工藝品，並不奇怪。

中原工匠在製造的時候，有意無意地會把漢代中原流行的造型元素帶入這些工藝品的構圖裡。例如金冠的怪獸上面坐著羽人，這個羽人的造型與漢代畫像石或銅器上看到的幾乎一樣，瘦瘦長長，帶著翅膀。……這件金冠因此有可能是中原工匠的傑作。……

此外，我還要稍稍補充一點。**中原工匠生產的域外風格工藝品，大概並不只是供應草原牧民，也供應嗜好「洋玩意兒」的本朝王公貴人**。中國古代的統治者一向喜歡殊方異物。兩《漢書》和《西京雜記》都有不少記載。漢武帝的上林苑就是一座域外珍寶和珍禽異獸聚集的博物館。

草原遊牧民族因本身生活型態、原料和技術種種限

制，能夠生產的高品質「珍寶」十分有限，即使從他人手中輾轉販賣，大概也不能滿足大漢皇室和王公貴族的嗜好。**一個解決的方法就是由中原工匠仿製**。近年在徐州西漢初諸侯王陵及劉氏親屬墓裡，已發現好幾件具有草原藝術特色的金腰帶扣，有趣的是它們構圖繁複，工藝精緻，也雜有中原造型元素（例如龜、龍），不全然同於草原製品。尤其是徐州獅子山楚王陵出土的一件，背面有中文銘刻「一斤一兩十八銖」、「一斤一兩十四銖」。金銀銅器上註記重量，是漢代工官造器的慣例。因此，**我相信諸侯王墓出土的恐怕不是真正來自草原的「進口貨」，而是中原工匠的山寨仿冒品。** ❶

當時提這些，是想支持和補充羅豐先生的「中原製造」說。但倉促間沒能充分論證，有些部分須要進一步說清楚，有些現在看來須要修正。適逢王炳華先生八十華誕祝壽論文集徵稿，因此想藉這個機會修補前說，一方面向從事新疆考古數十年，為古代中外文化交流史奉獻半生的王炳華先生致敬並祝壽，一方面也向這方面其他的先進討教。

---

1. 邢義田，〈「圖像與歷史研究」之孫悟空篇〉，《立體的歷史》（臺北：三民書局，2014），頁 44–49。

流向草原的牌飾及佩飾

　　小文仍從西安北郊北康村戰國鑄銅工匠墓的泥模具說起。泥模具中有些具有明顯的草原藝術風格特色，尤其是那件長方形以馬為母題的腰帶牌飾（圖1）❷。第一講中，僅舉了黑海北岸出土的西元前四世紀銅馬飾為例（圖2），說明泥模具中的馬後腿向上翻轉和斯基泰藝術中馬飾造型特色一致，現在打算作些補充。此外，前引提到「中原的工匠也製造了大量工藝品輸出到草原」時，完全沒有舉證，現在也想舉幾件證據，說明中原工匠的製品確實曾流播到北方草原。

圖1　北康村工匠墓出土泥模具　　圖2　黑海出土西元前四世紀銅馬飾

---

2. 陝西省考古研究所，〈西安北郊戰國鑄銅工匠墓發掘簡報〉，《文物》9 (2003)，頁 4-14；《西安北郊秦墓》（西安：三秦出版社，2006），彩版一。同墓出土另一件羊紋飾牌模具也有羊後肢反轉的特徵，參同書，彩版二。據烏恩研究，這類長方形牌飾應是裝飾在束腰皮帶上的，並非帶鉤。參烏恩岳思圖，《北方草原──考古學文化比較研究》（北京：科學出版社，2008），頁 327-343。

圖 3　庫蘭薩日克墓地出　圖 4　伊犁特克斯縣恰甫其海水庫墓地出土骨雕
土金馬飾　　　　　　　　牌飾

　　在歐亞草原地帶所謂的斯基泰動物紋藝術中，具有獸類
後腿向上翻轉造型特色的例證極多，本無須多說，可是有兩
件似乎尚少人注意的新疆出土品值得補充。一件是 1993 年在
阿合奇縣庫蘭薩日克鄉瓊布隆村西南一處，約屬西元前五至
三世紀墓地發掘的金馬飾（圖 3）。另一件是約屬同一時期，
特克斯縣恰甫其海水庫墓地群出土的骨質雕飾（圖 4）。庫蘭
薩日克在前蘇聯吉爾吉斯坦 (Kyrgyzstan) 伊賽克湖 (Issyk-Kul)
東南，兩地之間隔著天山，直線距離不到 200 公里；恰甫其
海則在伊賽克湖東北約 350 公里，而伊賽克湖周邊正是斯基
泰藝術的重要原鄉之一❸，這三地在墓葬形式和陪葬品內涵
上有明顯的親緣關係，這篇小文不可能全面去談，僅舉前說

---

3. 伊賽克湖周邊較新的考古發掘和出土品可參 S. Stark and K. S.
　Rubinson eds., *Nomads and Networks: The Ancient Art and Culture of*
　Kazakhstan, Princeton and Oxford: Princeton University Press, 2012.

涉及的馬紋牌飾為代表。

　　1993 年克孜勒蘇柯爾克孜自治州考古所在庫蘭薩日克鄉瓊布隆村西南約 1.8 公里處搶救性發掘和清理了四十五座墓中的十座。墓地表面有卵石和土混合堆築的墳堆，其中五號圓形石圍石堆墓是規模最大的一座，石堆下有三個墓室，已被盜，仍然出土了兩件極精美完整的金器。其中一件被稱為金奔馬（圖 3），重 12 克，通高 4.4 公分，長 4.6 公分，以金箔模壓成形。造型特徵和本文討論的銅馬牌飾類似，前蹄彎曲奔騰，後肢翻揚。考古簡報曾比較這樣的造型，認為和烏魯木齊阿拉溝豎穴木槨墓以及巴澤雷克地區墓葬出土的動物牌飾酷似，因而將庫蘭薩日克墓地的時代訂在戰國至西漢之間❹。有趣的是與此相近或更早，即西元前五至四世紀，伊賽克湖地區已曾出土以金箔模壓製成，類似的鏤空單馬牌飾和具有翻轉後肢特色的麋鹿牌飾（圖 5.1–3）❺。它們和

---

4. 新疆文物考古研究所，〈阿合奇縣庫蘭日克墓地發掘簡報〉，收入王炳華、杜根成主編，《新疆文物考古新收獲（續）1990–1996》（烏魯木齊：新疆美術攝影出版社，1997），頁 440–449；迪麗努爾，〈淺談庫蘭日克墓地出土的兩件金器〉，《新疆文物》1–2 (2008)，頁 72–73。

5. 圖版採自 https://en.wikipedia.org/wiki/Issyk_kurgan（2015.10.9 上網）。這樣的金飾據推測原是劍鞘上的裝飾，參 Iaroslav Lebedynsky, *Les Saces: Les Scythes d'Asie, VIIIè siècle av. J.C.-IVè siècle apr. JC.*, Paris: Editions Errance, 2006, pp. 196–199.

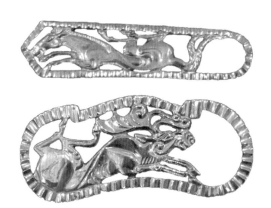

圖 5.1–2　伊賽克塚墓出土的劍鞘金飾

圖 5.3　劍鞘金飾復原示意圖

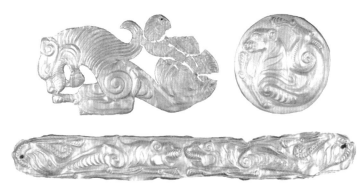

圖 6.1–3　阿拉溝卅號墓出土虎紋金牌飾

庫蘭薩日克牌飾、烏魯木齊阿拉溝卅號墓出土虎紋金牌飾（圖6.1-3）之間的文化親緣關係至為明顯❻。

　　2008年，一批新疆出土文物曾到臺北國立歷史博物館展出，博物館出版了圖錄《絲路傳奇——新疆文物大展》。其中收錄一件2004年伊犁特克斯縣恰甫其海水庫墓地出土的骨牌飾（圖4）。扁平的骨牌殘長12.5公分，最大寬5.6公分，平面呈梯形，其上左端畫面殘存淺浮雕的狼或熊，咬著頭部已失的獸，獸後肢向上翻轉，右端畫面完整，一頭狼或熊咬著馬，馬前肢彎曲，後肢翻轉上揚。以已有發掘簡報可據，在特克斯河北岸水庫墓地A區的IX、X、XV墓葬群來說，其時代約自西元前四世紀至西元後八世紀。但出土骨器的XV號墓群則屬西元前四至西元三世紀，個別晚到東漢。不久前，據羅豐轉告發掘人呂恩國提供的消息，這件骨牌出土於特克斯河南岸B區三號墓地一號墓 (M1)，時代約為西元前五至前三世紀，目前還沒有發掘報告發表❼。以上庫蘭薩日

---

6. 日本高濱秀教授已指出這樣的親緣關係。參氏著，〈新疆における黃金文化〉，收入《シルクロード：絹と黃金の道》（東京：東京國立博物館，2002），頁184-190。阿拉溝卅號墓出土者雖以虎為飾，其後肢一律向上翻轉，特色相同。

7. 由於沒有發掘報告，暫將此地相關的其他的考古報告列出，供大家參考：新疆文物考古研究所、新疆特克斯縣文物管理所，〈特克斯縣恰甫其海A區X號墓地發掘簡報〉，《新疆文物》 1 (2006)， 頁

克和恰甫其海的兩件出土品時代約屬戰國早中期，都出現在
南西伯利亞和華夏中原之間，可以填補這類造型飾品在時空
分布上的中間環節。新近甘肅張家川馬家塬西戎墓出土戰國
末期的金帶鈎，可以填補起戰國末隴西地區的一個環節。鏤
空帶鈎上有左右兩對方向相反虎咬鹿的圖案，鹿的後肢向上
翻轉，構圖特徵和前述骨雕牌飾相類似（圖7）❽。中間環
節填補的越多，越能排出年代序列，才越有把握去掌握流播
的方向和過程。

圖7　馬家塬十六號墓出土金帶鈎

41–79；新疆文物考古研究所，〈特克斯縣恰甫其海 A 區 IX 號墓地
發掘簡報〉，《新疆文物》2 (2006)，頁 6–18；新疆文物考古研究所、
西北大學文化遺產與考古學研究中心，〈特克斯縣恰甫其海 A 區
XV 號墓地發掘簡報〉，《文物》9 (2006)，頁 32–38。

8.甘肅省文物考古研究所編，《西戎遺珍》（北京 : 文物出版社，
2014），頁 61。

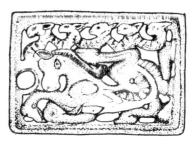

圖 8.1　盧芹齋藏銅質鏤空單馬牌飾

圖 8.2　銅質鏤空單馬牌飾線描圖

圖 9　固原三營出土的金牌飾

　　以下為「中原製造說」再略舉幾件馬紋牌飾為證。其中有些前賢已經提過，本文擬補充些細節。

　　第一件是盧芹齋 (C. T. Loo) 藏品中有一件銅質鏤空單馬牌飾（圖 8.1），後收入蘇聯考古學家 M. A. 戴甫列特《西伯利亞的腰牌飾》（莫斯科：1980）一書。這件和北康村戰國墓泥模具上的馬匹極為相似。戴甫列特的書在臺北無法找到，我僅從《鄂爾多斯式青銅器》轉見其線描圖（圖 8.2）❾。這

9.田廣金、郭素新，《鄂爾多斯式青銅器》（北京：文物出版社，

一線描圖和《盧芹齋藏中國—西伯利亞藝品集》(*Sino-Siberian Art in the Collection of C. T. Loo*) 圖版比對，我發現二者實是同一件東西，即盧芹齋藏品❿。牌飾上方有一排五隻朝左，具有勾吻特徵的連環式勾吻鳥首，下方有馬一匹，馬首朝下朝左，前肢一前一後彎曲，後腿一前一後向上翻轉，構圖幾乎完全一樣。由於邊飾花紋不同，可以確定這件腰帶牌飾成品並不是由北康村泥模具直接鑄出，但可以證明造型如此類似的牌飾，一在中國北方長城地帶或西伯利亞發現，一在西安北郊發現泥模具，絕非偶然。羅豐大文已曾引用這件牌飾作為中原工匠製造的證據⓫。這種中原製造的腰帶牌飾很可能自戰國起即流播到了西伯利亞。據田廣金和郭素新的轉述，戴甫列特一書所收牌飾主要是來自前蘇聯科索歌爾窖藏、米努辛斯克盆地 (Minussinsk)、圖瓦 (Tuva) 以及外貝加爾 (Transbaikal) 墓葬⓬。無論如何，從前述盧芹齋藏單馬牌飾成品和泥模具

1986），頁 84，圖 52.3。

10. A. Salmony, *Sino-Siberian Art in the Collection of C. T. Loo*, Paris: C. T. Loo, Publisher, 1933, plate XXVI.4. A. Salmony （書名以下簡稱 *Collection of C. T. Loo*），將這一牌飾歸屬於受斯基泰沙馬錫安 (the Samartians) 藝術影響之產物，並認為年代約屬唐代（頁 60–69），現在看來顯然過晚。其出土則不明。

11. 羅豐，〈中原製造——關於北方動物紋金屬牌飾〉，《文物》 3 (2010)，頁 56–63。

12. 同上，頁 71。

構圖特徵如此一致來看，戰國中原工匠的製品曾銷售、饋贈
或被劫掠到了西伯利亞，應該說是合理的推論。

　　又羅豐大文曾引用一件自寧夏固原三營紅莊徵集的同型
金牌飾⓭。這件戰國時代的牌飾，我有幸於 2004 年 7 月 21
日在固原博物館見到 （圖 9）。它的質地欠佳，製作比較粗
糙，左右寬窄甚至不一，工藝上完全不能與徐州等地諸侯王
墓出土者相比。馬首方向與北康村墓出土的泥模具相反，也
不見鏤空，但邊框繩索紋飾相同，可見這樣紋飾的製品十分
受到歡迎，作坊非止一處。固原這件牌飾雖出於徵集，大致
可以用來填補從西安到西伯利亞流播路線上的中間環節。

另一件是鄂爾多斯博
物館收藏，著錄於《鄂爾多
斯青銅器》，造型類似卻又
有明顯不同的一對長方形
鏤空鎏金銅馬腰帶牌飾（圖
10）⓮。這一對牌飾工藝十
分細緻，構圖優美，其特徵

圖 10　鄂爾多斯博物館藏長方形
鏤空鎏金銅馬腰帶牌飾

---

13. 同上，圖 5.1。鍾侃、韓孔樂，〈寧夏南部春秋戰國時期的青銅文
　　化〉，《中國考古學會第四次年會論文集》（北京：文物出版社，
　　1985），頁 203–213。感謝陳健文兄提供資料。

14. 本金牌飾有一對，見鄂爾多斯博物館編，《鄂爾多斯青銅器》（北
　　京：文物出版社，2006），頁 183。

和前件以及北康村出土泥模具基本雷同，但鏤空處較多，馬前後肢較瘦細，上方連環式勾吻鳥首由五頭變成七頭。照考古類型學的方式，它們應可歸入同一「型」的不同「式」。尤有甚者，北康村泥模具上的馬後肢向上翻，一向前，一朝後，但馬腹下似另有一彎曲的後肢，十分不自然（盧芹齋著錄的一件也有相同的現象）。鄂爾多斯博物館這一對牌飾將不自然的後肢改成了和其他鏤空處相同的彎曲鳩首紋，化解了不自然的問題。由於《鄂爾多斯青銅器》一書沒有著錄出土訊息，非常遺憾無法得知它是出土或徵集品，更不知它的出土地點和時代。不論是不是出土品，或可猜想它應出自今內蒙古地區。這如同前述固原徵集者，也可稍稍填補中原與北亞流播上的中間環節。

研究北亞青銅器著名的艾瑪・邦克 (Emma C. Bunker) 長年以來一直力主許多北亞青銅器乃出自中原工匠之手⑮。她舉的一個例子剛好是和上述單馬牌飾相類又有不同的另一對

15.Jenny F. So and Emma C. Bunker, *Traders and Raiders on China's Northern Frontier*（以下簡稱 *Traders and Raiders*）, The Arthur M. Sackler Gallery, Smithsonian Institute, 1995. 尤其可注意此書第四章〈西元前六至一世紀中國外銷北方的奢侈品〉，頁 53–67。又可參 Emma C. Bunker, *Ancient Bronzes of the Eastern Eurasian Steppes from the Arthur M. Sackler Collections*, The Arthur M. Sackler Foundation, 1977, pp. 92–95.

圖 11　私人藏鎏金銅帶鈎

私人藏鎏金銅帶鈎（圖 11）⑯。一對兩件，長寬分別是 10.9
×5.5 公分，11×5.5 公分，估計為西元前三至二世紀之物。
牌飾上有左右背對的兩匹馬，兩馬造型姿勢和前述幾件單匹
的幾乎一樣，前肢一前一後彎曲，後肢翻轉向上，馬頸部、
身腹和後腿有幾乎一樣的螺旋紋飾。艾瑪‧邦克在圖版說明中
特別指出它們是中國工匠為北方消費者大量製造的經典例證。

　　類似的雙馬牌飾在寧夏回族自治區的同心倒墩子遺址
（圖 12.1–2、圖 13）和遼寧西豐縣西岔溝匈奴墓都曾出土
（圖 14.1–2）⑰，也見於盧芹齋藏品和其他著錄（圖 15）。

<hr />

16. Op. cit., no. 66, pp. 145–146.
17. Op. cit., pp. 145–146. 原報告見寧夏文物考古研究所等，〈寧夏同心
　　倒墩子匈奴墓地〉，《考古學報》3 (1988)，頁 333–356，圖 9 及圖版
　　15、20。在 1960 年《文物》第 8、9 期合刊上，孫守道發表了西岔
　　溝古墓群的發掘簡報，認為是匈奴墓地。但隨後有學者認為是烏桓

圖 12.1–2　寧夏回族自治區同心倒墩子墓出土的雙馬牌飾及前圖作者線描圖

圖 13　同心倒墩子遺址出土的雙馬
牌飾

圖 14.1–2　遼寧西岔溝匈奴墓出土雙馬牌飾

圖 15　盧芹齋藏雙馬牌飾　　　　圖 16　盧芹齋藏牌飾

我可稍作補充的是：第一，這些雙馬牌飾在設計概念上和前述單匹者其實一模一樣，只是將單匹改為相背的兩匹而已，甚至也有改為兩兩相背四匹的（圖 16）；其次，牌飾上馬的吻部，有時勾曲如草原藝術中常見的格里芬 (griffin)，因此有些學者不稱它為馬，而僅名為怪獸或神獸。前文提到有出土自遼寧、寧夏和新疆的，據此可約略想像這樣的牌飾應曾頗為廣泛地流播於蒙古草原、新疆，又由這些地方流入了南西伯利亞。

　　第三類可支持中原製造說的證據是經由考古出土，具有中原藝術母題特色的製品。例如寧夏同心倒墩子同墓所出土的龜龍鎏金及雙龍鏤空銅帶飾（圖 17～圖 19）⓲。龜龍或雙龍這樣成組成對的裝飾母題無疑出自中原，非草原固有，其由中原工匠製作（不論製作的地點在中原或因工匠遭虜掠或亡入草原地區）的可能性應大於由草原牧民自身工匠所製作。

　　這正如同我在前引中所說，中原工匠在製造草原藝術風

人所遺，如曾庸，〈遼寧西豐西岔溝古墓群為烏桓文化遺跡論〉，《考古》6 (1961)，其後又有扶餘等不同意見，較新的綜合檢討可參范恩實，〈論西岔溝古墓群的族屬〉，《社會科學戰線》4 (2012)，頁126–137。族屬問題迄今尚難定論。

18.寧夏文物考古研究所等，〈寧夏同心倒墩子匈奴墓地〉，《考古學報》3 (1988)，頁 333–356，圖 9.9 及圖版 24.1；張文軍主編，《匈奴與中原──文明的碰撞與交融》(鄭州：中州出版社，2012)，頁 170。

圖 17　同心倒墩子墓出土龜龍鎏金鏤
空銅帶飾

圖 18　同心倒墩子墓出土雙龍鏤
空銅帶飾

圖 19　同心倒墩子墓出土

圖 20　鎏金銅龜龍牌飾

圖 21.1–2　南越王墓出土的長方形龜龍牌飾及作者線描圖

圖 22.1　盧芹齋藏虎咬龍牌飾

圖 22.2　南俄匈奴墓出土虎咬龍牌飾

格的牌飾時，有意或無意地將中原流行的母題納入了製品。這樣的長方形雙龍或龜龍牌飾也見於其他著錄（圖 20），甚至出現在廣州市的西漢景、武之世南越王趙眜墓（圖 21.1 2）。此外，盧芹齋藏品和南俄貝加爾湖布瑞阿提亞 (Buryatia) 附近一處匈奴墓都有構形十分相似的虎咬龍牌飾（圖 22.1–2），龍虎母題習見於秦漢以來的中原裝飾藝術，虎咬龍牌飾不消說也應歸入此類。

　　或許有人會說在歐亞大陸其他地方也曾出土老虎（圖 23.1–2、圖 24.1–2）[19] 和類似龍的飾物[20]，龍虎都非中原所

---

[19] 阿富汗席巴爾甘 (Sheberghan) 黃金之丘 (Tillya Tepe) 四號墓出土西元一世紀的舌狀金飾上有奔跑的虎（頁 271），頭部似虎，但圖錄解說是豹。因無虎斑，較難確定。但貝格拉姆 (Begram) 出土一世紀的彩繪玻璃杯上則明確有帶虎斑的老虎（頁 198–199）。F. Hiebert and P. Cambon eds., *Afghanistan: Crossroads of the Ancient World*, the British Museum, 2011, pp. 198–199, 271.（以下簡稱 *Afghanistan*）

[20] 例如張文玲認為阿富汗席巴爾甘二號墓出土的劍鞘和金垂飾中有龍。見所著，《黃金草原》（上海：上海古籍出版社，2012），頁 175–178 及附圖 28、29。林俊雄〈公元前二世紀至公元二世紀之間的格里芬和龍〉，收入中國社科院考古所、新疆文物考古研究所編，《漢代西域考古與漢文化》（北京：科學出版社，2014），頁 500–501，也談到歐亞大陸中部出現的龍形紋飾。劍鞘上的動物確實可稱為龍，本文將再詳述；但席巴爾甘二號墓出土的金垂飾上的雙龍，有翻轉的後蹄，頭部似馬，頭上有角，像羚羊角，整體造型與其說是龍，似不如說更像羚羊或有角的馬。

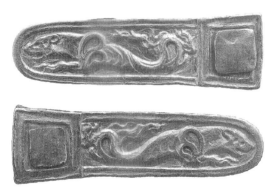

圖 23.1-2　黃金之丘第四號墓出土舌狀金飾

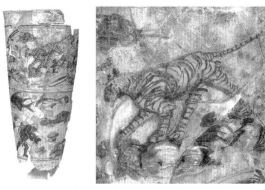

圖 24.1-2　貝格拉姆出土西元一世紀多彩玻璃杯及局部

獨有。可是如果整體評估這些帶有龍紋的出土物以及龍虎成
對的組合形式，更為合理的假設應是歐亞大陸其他地方的工
匠見到中原產製的飾物後，借用造型，加以仿製。仿製問題，
將在下節另說。

　　支持中原製造說的第四類證據是出現在草原地帶，具有
中原造型特色的小型銅馬垂飾。2014 年出版的《絲綢之路：
長安－天山廊道的路網》一書收錄不少新疆昌吉州博物館珍

圖 25　昌吉州博物館藏銅馬垂飾

圖 26.1–2　盧芹齋藏小型銅馬垂飾

圖 27　《鄂爾多斯式青銅器》中的銅馬垂飾

藏的草原文物。其中有鄂爾多斯等地常見的小型銅馬垂飾（圖
25）。田廣金和郭素新指出這類小型銅垂飾在「整個歐亞草原
均有發現」（圖 26.1–2、圖 27）㉑。但其中標明出土於內蒙
古的一件騎馬銅飾引起我的注意（圖 28）。這件騎馬銅飾的
馬匹在造型上馬頭較大，豎耳如削竹，吻部微張，前胸突出，

四肢較粗或短 。 這和歐亞草原發現的例如盧芹齋藏品（圖
26.1–2）以及《鄂爾多斯式青銅器》一書所收錄的（圖 27）
明顯不同，反而與中國本部——例如陝西咸陽市興平道常村
出土的西漢陶騎馬俑、洛陽出土西漢畫像磚上的馬、四川綿
陽雙包山漢墓所出的黑漆木馬俑或河南偃師寇店出土的鎏金
銅馬類似（圖 29～圖 32）。它和咸陽興平出土的騎馬俑尤其
相似，連馬前胸和後臀的絡馬帶具都幾乎一樣。

　　今天新疆和甘青地區的青銅製造工業存在極早，其製品
吸收歐亞大陸四方八面的造型和工藝技術成分，又向各方輻
射[22]，華夏中原曾受輻射影響，無可懷疑。不過中原青銅工

21.田廣金、郭素新，《鄂爾多斯式青銅器》，頁 134。

22.李水城，〈西北與中原早期冶銅業的區域特徵及交互作用〉，《考古
　　學報》3 (2005)，頁 239–278，李文結尾頁 272，引林澐先生一段形
　　容中亞草原遊牧民族通過大範圍的活動，給予周邊地區強大文化輻
　　射的話，我十分贊同。又可參林澐，〈中國北方長城地帶遊牧文化
　　帶的形成過程〉，原刊《燕京學報》第 14 期 (2003)，收入羅豐主編
　　《絲綢之路考古》第一輯（北京：科學出版社，2018），頁 1–34。
　　較新研究可參例如阮秋榮，〈新疆庫車縣提克買克冶煉遺址和墓地
　　初步研究〉，收入《漢代西域考古與漢文化》，頁 136–149。與新疆
　　地區古代冶煉工業相關遺物包括石範和坩堝，可參新疆昌吉回族自
　　治州文物局編，《絲綢之路天山廊道——新疆昌吉古代遺址與館藏
　　文物精品》（北京：文物出版社，2014），圖 59、77、251。又林梅
　　村及其團隊最近對塞伊瑪－圖爾賓諾文化的研究也可說明中原古

圖 28　內蒙古出土的騎馬銅飾

圖 29　陝西興平道常村出土西漢騎馬俑

圖 30　洛陽出土西漢畫像磚

圖 31　四川綿陽雙包山的黑漆木馬俑

圖 32　河南偃師寇店出土的鎏金銅馬

圖 33　湖北棗陽九連墩二號楚墓出土的青銅馬

圖 34　盧芹齋所藏銅馬飾

圖 35　廣州南越國宮署出土的騎射銅俑

藝自身的特色和傳統應曾受到多方的影響。現在已有些中國
學者主張在歐亞草原東部，自西元前第二千紀起已逐漸出現
了一個中國北方－蒙古高原冶金區[23]。這裡的製品白殷商之
前至春秋戰國不斷向西、向南傳播，影響到中原的青銅工藝，
反之，北方－蒙古高原冶金區也受到中原的影響。

　　私意以為馬的造型即為一例。工藝傳統一旦形成，雖非
一成不變，主要造型特徵每每頑固持續。如果我們稍稍觀察
圖 25～27 和圖 28～35 兩組，即不難看出二者造型風格和傳
承上的差異。具有中原造型特色的，最少可上追到戰國中晚
期湖北棗陽九連墩二號楚墓出土的青銅馬（圖 33），從此延續
到東漢[24]。因此，不能不令我傾向於相信前述內蒙古的騎馬

　　代的冶金術來自歐亞草原。參林梅村，〈塞伊瑪——圖爾賓諾文化
　　與史前絲綢之路〉，《文物》10 (2015)，頁 49–63 及同期另兩篇相關
　　論文，頁 64–69、77–85。

23.參楊建華等著，《歐亞草原東部的金屬之路》（上海：上海古籍出版
　　社，2016）。另可參單月英，〈中國及歐亞草原出土的長方形腰飾牌
　　與飾貝腰帶研究〉，收入羅豐主編《絲綢之路考古》第一輯，頁
　　127–167。

24.西漢中期以後，因西域非蒙古種馬匹的輸入（如大宛馬）和受到重
　　視，工藝上馬的造型有新的增加，如 1981 年漢武帝茂陵一號陪葬
　　墓一號從葬坑出土的鎏金銅馬，參王志杰編，《茂陵文物鑒賞圖志》
　　（西安：三秦出版社，2012）。但工藝品中以蒙古馬為樣本的馬匹
　　造型仍持續存在。

銅飾應由中原工匠製造，或是出自熟知並緊隨中原風格和傳統的工匠之手。此外，具有類似中原風格特色的銅馬飾也見於據傳出自南西伯利亞米努辛斯克盆地的盧芹齋藏品（圖34）㉕，和廣州南越國宮署遺址出土的騎射銅俑（圖35）㉖。

　　誠如羅豐所說，這些流入草原的中原製牌飾及佩飾應和北亞及中亞發現的絲繡織品、中原風格銅鏡、漆器、五銖錢幣、建築部件和玉器等等並列同觀，它們共同反映了自戰國以來中原物品流向草原地帶的現象㉗。

漢朝流行的「異域風」與仿製品

　　龜龍牌飾出現在景、武之世的南越王墓中，不禁令我聯想到中原工匠製造這樣風格的鎏金牌飾，恐怕不僅僅為了滿足北方草原貴族對奢華飾品的需求，也為了應付帝國之內對異域珍奇的好尚。因為域外供應在質或量上不敷需求，激起了中原本地的仿製。

　　自戰國以來，北方草原遊牧民族即與燕、趙、秦等國有

㉕A. Salmony, *Sino-Siberian Art in the Collection of C. T. Loo*, pp. 82–83.

㉖南越王宮博物館籌建處、廣州市文物考古研究所編，《南越宮苑遺址──1995–1997年考古發掘報告》（北京：文物出版社，2008）。

㉗羅豐，〈中原製造──關於北方動物紋金屬牌飾〉，《文物》　3 (2010)，頁61–62。

著頻繁的戰爭、掠奪和貿易關係。他們以馬牛羊等畜產或得自它處的珍異，交換中原的糧食、織物和各種工藝品。中原統治階層十分喜好域外珍異。李零先生研究戰國晚期山東青州西辛墓出土裂瓣紋銀豆，非常清楚地指出「任何外來風格，一旦受到歡迎，馬上就會引起仿效，買方可以照單定做，賣方可以投其所好。有仿造就有改造。漢代的諸侯王陵，特別喜歡異國情調，這在當時是一種風尚。比如南越王墓的銀豆和玉來通就是這種混合風格的典型。」❷李零的論斷正合敝意。南越國當然不能算是漢帝國內部，南越國自有工官作坊，也自中原及南海進口各種珍異之物。唯南越國由秦南海郡尉趙佗所建，時屬景、武之世的趙眜墓出土不少帶有斯基泰風韻的牌飾和馬飾 (圖36、37.1-2)，這和下文將談到的漢初諸侯王墓對草原藝術風格的好尚，可以說有相當高的一致性，一致反映了戰國以來中原統治者對異域文物的普遍愛好❷。

這個愛好很可能源自戰國時代和草原遊牧民族接觸較多的趙、燕、秦等國。秦國的淵源，目前已有張家川馬家塬西

28.李零，〈論西辛戰國墓裂瓣紋銀豆〉，《文物》9 (2014)，頁 68。其他學者對裂瓣紋銀豆的研究及看法又可參黃珊，〈裂瓣紋銀盒與帕提亞文化的東傳〉，《考古、藝術與歷史——楊泓先生八秩華誕紀念文集》(北京：文物出版社，2018)，頁 1–10。

29.廣州市文物管理委員會等編，《西漢南越王墓》(北京：文物出版社，1991)，頁 331–349。

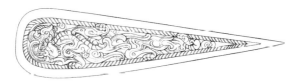

圖 36　南越王趙眜墓出土的牌飾

圖 37.1–2　南越王趙眜墓出土的馬飾

戎墓地出土的金器和前述西安北康村工匠墓的泥模具等線索❸，而河北易縣燕下都遺址辛莊頭三十號墓出土的金牌飾和馬飾則可證明戰國時期的燕國，不但吸收了北方草原裝飾藝術的元素，並且從器背銘刻文字可知其為自製。以下要特別提一下和本文相關的長方形馬紋牌飾和有後肢向上翻轉特

30.秦的風尚當與西戎有關。最近甘肅張家川馬家塬戰國時期西戎墓出土大量的金銀器，以及王輝的研究都提供了最好的證據。參王輝，〈張家川馬家塬墓地相關問題初探〉，原刊《文物》10 (2009)，收入羅豐主編，《絲綢之路考古》第一輯，頁 82–90；〈馬家塬戰國墓地綜述〉，收入甘肅省文物考古研究所編，《西戎遺珍——馬家塬戰國墓地出土文物》（北京：文物出版社，2014），頁 68。又可參甘肅省文物考古研究所、清水縣博物館編，《清水劉坪》（北京：文物出版社，2014）以及書中頁 12–45 王輝所寫的〈概述〉。

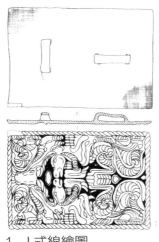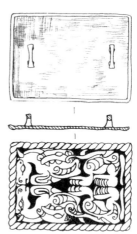

1　Ⅰ式線繪圖　　　　　2　Ⅱ式線繪圖

圖 38.1–2　河北易縣燕下都遺址出土的長方形牌飾

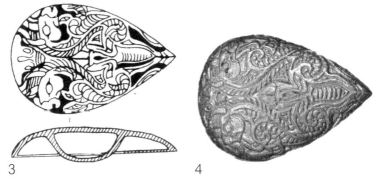

3　　　　　　　　　　4

圖 38.3–4　河北易縣燕下都遺址出土的桃形金飾

圖 39　鄂爾多斯出土似馬又似格里芬的牌飾

色的桃形雙馬金飾（圖 38.1–4）。

　　河北易縣燕下都城內共有三個墓區，其中只有辛莊頭墓區中的三十號墓出土了金飾八十二件，其中二十件背面有銘刻重量若干兩若干銖的文字㉛。長方形飾牌有五件，分為二式。共同的特色是背面有突起的橋形鈕，部分表面有織布紋，正面邊框都有繩紋，邊框內有兩匹相對跪伏的馬，馬後肢姿態自然，沒有刻意向上翻轉。I、II 式之別主要在於 I 式一側多了一個牛頭。有趣的是出自同墓的桃形金飾，其上兩匹相上下對臥的馬後肢都明確向上翻轉，一肢向前，一肢朝後。

㉛ 河北省文物研究所編，《燕下都》（北京：文物出版社，1996），頁 721。原報告線描圖印刷欠清晰，本文圖 38 線描圖採自石士永、王素芳，〈燕文化簡論〉，《內蒙古文物考古》1–2 (1993)，頁 117。

這和西安北康村秦墓出土泥模具上的馬姿幾乎一樣，差別僅在前者為桃形有馬兩匹，後者為長方形僅馬一匹。而這樣上下對臥的動物牌飾也見於屬西元前三～西元前二世紀，鄂爾多斯出土似馬又似格里芬的牌飾（圖39）。其不同點在於馬或格里芬後肢沒有向上翻轉，但遭虎或熊咬住。不論如何，這樣獸咬獸的構圖和姿勢已足以說明它們和歐亞草原斯基泰藝術風格的關係。戰國時代的秦和燕不約而同出土了這類明顯自製的金飾或泥模具，可證其廣受歡迎，到漢代仍然如此。

　　以下接著談談西漢諸侯王陵具有草原藝術特色的仿製飾物。較好的例證見於江蘇徐州獅子山楚王陵、盱眙大雲山江都王墓、河南永城芒碭山梁王墓、山東長清濟北王陵、章丘洛莊漢初呂國王墓，以及最近發掘的江西南昌海昏侯劉賀墓，其中鎏金銅牌飾及馬具當盧、節約尤其可為代表（圖40.1-2～圖46.1-2）㉜。它們明顯都不是自草原進口，而是諸侯

---

32. 相關著錄請參李銀德主編，《古彭遺珍——徐州博物館藏文物精選》（北京：國家圖書館出版社，2010）；閻根齊主編，《芒碭山西漢梁王墓地》（北京：文物出版社，2001）；張文軍主編，《匈奴與中原——文明的碰撞與交融》（鄭州：中州出版社，2012）；崔大庸，〈山東考古大發現——洛莊漢墓〉，《中國國家地理》8（2001）；崔大庸，〈洛莊漢墓9號陪葬坑出土北方草原風格馬具試析〉，《中國歷史文物》4（2002），頁16–25；崔大庸，〈山東章丘洛莊漢墓出土的鎏金銅當盧〉，《文物世界》1（2002），頁24–26；崔大庸、高繼習，〈章丘洛莊漢墓發掘成果及學術價值〉，《山東大學學報（哲學社會科學

圖 40.1–2　徐州獅子山楚王陵鎏金銅牌飾及作者線描圖

圖 41.1–2　盱眙大雲山江都王墓
出土鎏金節約及線描圖

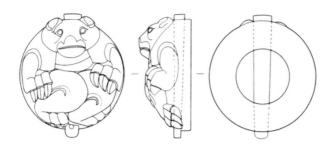

圖 42　永城梁孝王后墓出土鎏金當盧圖

圖 43.1–2　永城梁孝王后墓出土鎏金節約

 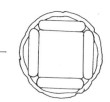

圖 43.3　芒碭山西漢梁王墓地出土的節約線描圖

圖 44.1–2　長清西漢濟北王陵出土的節約

王國接受朝廷賞賜或由王國作坊所造。這一點論說者已不少，應該可以得到多數人的同意㉝。

　　本文首先想補充的是白漢初以來，漢廷不時因不同的原因和在不同的場合，賞賜諸侯王各種物品，有時為得自域外者。例如，1993 年江蘇連雲港尹灣功曹史饒墓曾出土「永始四年（西元前 13 年）武庫兵車器集簿」木牘一件，其上列有前綴「乘輿」二字的兵車器五十八種，十一萬件，又列有「烏孫公主、諸侯使節九十三（按：節指使者所持之節）」以及「郅支單于兵九（按：兵指兵器）」㉞。我曾指出西漢昭宣以後的東海郡，在漢初曾有部分疆域屬漢初劉交的楚國。諸侯王國之制比擬漢朝，因此武庫部分兵器會有「乘輿」二字㉟。宣

版）》1 (2004)，頁 25–28；王永波，《長清西漢濟北王陵》（北京：三聯書店，2005）；江西省文物考古研究所、首都博物館編，《五色炫曜──南昌漢代海昏侯國考古成果》（南昌：江西人民出版社，2016）。

33.例如黃展岳，〈關於兩廣出土北方動物紋牌飾問題〉，《考古與文物》2 (1996)，頁 55–60；潘玲，〈矩形動物紋牌飾的相關問題研究〉，《邊疆考古研究》3 (2005)，頁 126–145；盧岩、單月英，〈西漢墓葬出土的動物紋腰飾牌〉，《考古與文物》4 (2007)，頁 45–55。感謝石昇烜提供資料。

34.連雲港市博物館等編，《尹灣漢墓簡牘》（北京：中華書局，1997），頁 103–106、115、117；張顯成、周群麗，《尹灣漢墓簡牘校理》（天津：天津古籍出版社，2011），頁 43–52、69、73。

圖 45.1　金當盧

圖 45.2　金節約　　　　圖 45.3　金格里芬

圖 46.1　海昏侯墓出土的金節約　圖 46.2　海昏侯墓出土青銅節約

帝時，匈奴郅支單于曾遣子入侍，後反叛，威迫烏孫。元帝建昭四年（西元前 35 年）甘延壽和陳湯等誅郅支，斬王以下首一千五百級。所謂郅支單于兵、烏孫公主和諸侯使節，應該是漢朝廷為顯耀武功，以所虜獲域外戰利品分賜郡國，以見證大漢天子之威。這些漢初以來王國的兵器和後來得到的賞賜，都長期保存在東海郡的武庫中。除了戰利品，諸侯王或貴臣薨，朝廷時或賜以東園祕器。可是徐州諸侯王陵出土的金或鎏金飾帶，是否出於朝廷賞賜，或出自王國本身的工官作坊，難以論定。不論如何，其工藝之精緻美觀，遠遠超出北亞或中亞出土的類似之物。以徐州獅子山楚王陵所出雙熊咬馬金腰帶，和永城梁王后陵九號陪葬坑出土的鎏金當盧及節約為例，其紋飾極其繁複而優美，可謂金銀飾物之極品。獅子山楚王陵所出者側面甚至有「一斤一兩十八朱（銖）」、「一斤一兩十四朱（銖）」刻銘㊱，尤足以證明其為官方作坊製品而非自草原進口，雖然它們都明顯具有草原斯基泰動物紋飾的特色。

　　總之，具有這樣特色的金或鎏金之物竟然出現在時代相去不遠的江蘇徐州、盱眙，山東長清、章丘，江西南昌和河南永城的諸侯王或王后陵墓中，這無疑反映了自漢初以來上

---

35. 邢義田，〈尹灣漢墓木牘文書的名稱和性質〉，收入邢義田，《地不愛寶——漢代的簡牘》（北京：中華書局，2011），頁 133–137。

36. 李銀德主編，《古彭遺珍》，頁 277。

層諸侯與親貴相當普遍的好尚。類似的雙熊咬馬牌飾也曾出現在內蒙古和國外的收藏（圖 47、圖 48.1–2），但無論成色或工藝似乎都不能與楚王陵所出者相比，疑其或自中原流出，或為草原工匠所仿製。

　　其次，本文想略略一說的是過去較少人談到的鎏金節約。這種鎏金節約多為圓形，直徑約 2 至 5、6 公分左右，模壓而成。正面突起如泡，有以熊頭和雙爪占主體的紋飾（圖 37.1–2、圖 41.1–2、圖 43.1–2、圖 44.1–2、圖 45.2、圖 46.1–2、圖 49、圖 50.1–4、圖 51.1–2）。節約背面有供馬首繮繩穿過，高高弓起，二橫二豎四道或僅兩道的橋形鈕。節約一方面用以套結多向的繮繩，一方面也成為馬首的裝飾。這樣的節約不約而同在河南永城、山東洛莊諸侯王以及廣州南越王墓中出土，飾紋都是帶雙爪的熊首，熊首正面朝前，左右各一大耳，頭首下方左右則為雙爪。過去少有人談到這種秦或漢初節約紋飾的來歷 ❸❼。

　　近日看到時代屬西元一至二世紀，羅斯托夫 (Rostov) 地區沙多唯 (Sadovyi) 的塚墓中曾出土了直徑約 4.9 公分，用於馬具的圓形鑲綠松石熊首鎏金飾，但可能因鑲了綠松石，熊首下方左右並沒有爪的痕跡（圖 50.1）。羅斯托夫博物館另藏 1987 年寇比亞寇沃 (Kobyakovo) 十號墓出土，屬西元一、二世

37.Emma Bunker 曾有數語言及，參所著 *Ancient Bronzes of the Eastern Eurasian Steppes*, p. 263.

紀間，直徑 6.4 公分的獸紋鎏金泡（圖 50.2）。1974 年在黑海東岸的克拉斯諾達爾 (Krasnodar) 的村子裡偶然出土兩件鎏金、銀的馬勒裝飾，直徑 6.6 公分，其上有獸頭紋，似狐又似熊（圖 50.3）。1975 年在克拉斯諾達爾的喬治皮亞 (Gorgippia) 塚墓二號棺內曾出土，西元二世紀至三世紀中期獅首紋飾的鎏金泡 ❸。獅首正面朝前，兩眼圓睜，吻部突出（圖 50.4）。這樣以獸首為主題的裝飾在歐亞大陸西端頗為流行，西伯利亞南方曾採集到最少五件以熊首為飾的節約 ❸。蒙古草原也曾出現它的蹤跡，銅質鎏金，紋飾雖已漫漶，但獸面朝前，大眼、突吻和一雙大耳仍可清楚辨識，其為熊首無疑，可惜沒有出土訊息可據。有出土訊息的是戰國晚期燕下都辛莊頭三十號墓出土的鑲有綠松石的金熊和羊節約 （圖 51.1–2、圖 52.1–2）。

　　必須聲明的是我沒能在歐亞大陸西端找到早於戰國晚期或西元前三世紀獸紋節約的例子 ❹。這可能是因為我所知太

---

38. 參日本朝日新聞社 1991 年出版的圖錄 *The Treasures of Nomadic Tribes in South Russia*, p. 141 ；法國 Musée Cernuschi 博物館出版的圖錄 *L'Or des Amazones* (Paris: 2001), p. 272.

39. 參普・巴・科諾瓦洛夫，〈蘇聯南西伯利亞匈奴青銅器收集品〉，收入普・巴・科諾瓦洛夫等著，陳弘法譯，《蒙古高原考古研究》（呼和浩特：內蒙古人民出版社，2016），頁 155–157 及附圖 3.1。從附圖可知為熊首節約，譯文作「鈕扣」。

圖 47　鄂爾多斯青銅器之一的雙熊咬馬牌飾

圖 48.1–2　美秀美術館藏鎏金銀銅帶鉤

圖 49　熊首造型的節約

圖 50.1　羅斯托夫地區沙多唯的塚墓出土的熊首鎏金飾

圖 50.2　寇比亞寇沃十號墓出土的獸紋鎏金泡

圖 50.3　在黑海東岸的克拉斯諾達爾出土的馬勒裝飾

圖 50.4　喬治皮亞塚墓二號棺出土的獅首紋飾鎏金泡

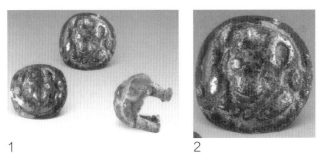

圖 51.1–2　戰國晚期燕下都辛莊頭三十號墓出土的金熊節約

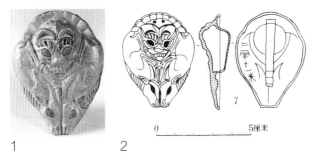

圖 52.1–2　燕下都辛莊頭三十號墓出土的金羊節約

少，也可能的確沒有，有待進一步研究。再者，獅子紋的馬
首裝飾似乎沒有受到蒙古草原牧民和中原統治者的青睞，熊、
羊、牛、象頭紋卻受到歡迎和接納❹。由此可知，在文化流
播和借取的過程中，不論是草原或中原的消費和生產者都在
不同程度上作了選擇，不是所有的紋飾母題都照單全收。那
麼，在中原由誰作選擇呢？

漢代中原的選擇和消費者主要是上層的統治精英，而生
產者似以官方作坊為主。他們引領的「異域風」由漢廷吹向
諸侯王國，再影響到全帝國。《後漢書·馬援傳》記載馬廖在

40.在今巴基斯坦北端 Taxila 曾出土時代屬西元一世紀，背面有橋形鈕
　的銅節約，但另一面全無紋飾。參 Iaroslav Lebedynsky, *Les Saces*,
　p. 204.

41.銅質節約最少自西周早期即已出現在貴族的車馬坑，也曾出現在夏
　家店上層約屬西周中晚期的遺址中。例如洛陽北窰早中晚期墓葬都
　出土了十字形、X形管狀、長方扁形或圓泡形等不同形式的銅節
　約，多數為極簡單的幾何紋或獸面紋，少數有象頭紋（圖 82.3，頁
　142），但未見獅、熊之類。參洛陽市文物工作隊，《洛陽北窰西周
　墓》（北京：文物出版社，1999）；〈洛陽北窰西周車馬坑發掘簡
　報〉，《文物》8 (2011)，頁 4–12；《夏家店上層文化的青銅器》（韓
　國出版展覽圖錄，2007），圖 173–177。夏家店上層遺址出土其他
　銅飾有些有明顯草原紋飾因素，但銅節約和洛陽北窰出土的基本類
　型（十字形、X形管狀、圓形）十分相似，有一件所謂的鳥紋節約
　（圖 177），但無獸形紋飾者。

上疏中曾有以下一段話：

> 時皇太后躬履節儉，事從簡約，廖慮美業難終，上
> 疏長樂宮以勸成德政，曰：「……夫改政移風，必有其
> 本。傳曰：『吳王好劍客，百姓多創瘢，楚王好細腰，宮
> 中多餓死。』長安語曰：『城中好高髻，四方高一尺，城
> 中好廣眉，四方且半額，城中好大袖，四方全匹帛。』
> 斯言如戲，有切事實。」

馬廖的上疏無非是舉君王、宮中和百姓，城中和四方，以城
中統治者的衣飾好尚為例，表達「上有所好，下必甚焉」的
觀點。長安人說城裡人所好的高髻、廣眉和半額，城外人會
誇大模仿，這雖是戲言，應相當切合事實。因此他才能以此
長安俗語勸勉皇太后要保持節儉的美德，以勸四方。他的話
從今天社會學的角度看，非常具體地說明東漢社會風尚或流
行文化由上而下，由宮中、城中向城外四方流播的現象。

　　漢代最能夠掌握域外珍異的無疑是漢天子、重臣及諸侯
貴戚。不論透過四方朝貢或變相的貿易，漢帝國周邊國族的
使者或商人將值錢的珍貴物品,源源不絕地送到長安或洛陽。
以長安而論,《三輔黃圖》載長安奇華殿「在建章宮旁，四海
夷狄器服珍寶，火浣布、切玉刀、巨象、大雀、師子、宮
（宛）馬、充塞其中。」❷此外，長安城西的上林苑則聚而
栽植了異域珍奇植物。《三輔黃圖》謂：「扶荔宮，在上林苑

中。漢武帝元鼎六年破南越，起扶荔宮。以植所得奇草異木，菖蒲……山薑……甘蔗……、留求子……、桂……、密香、指甲花……、龍眼、荔枝、檳榔、橄欖、千歲子、甘橘皆百餘本。」❹方三百里的上林苑據說曾種植「群臣遠方」所獻「名果異卉」達三千餘種❹。

　　帝王好尚不但影響到像梁孝王這樣的諸侯王，去修築「延亘數十里，奇果異樹，珍禽怪獸畢有」的兔園❹，也激起茂陵富人袁廣漢在咸陽北方的北邙山下大築園圃，畜養「奇珍異禽」和「奇樹異草」。袁廣漢後來有罪被誅，「鳥獸草木皆移入上林苑中。」❹此風為東漢所承，較有名的要數東漢明帝、明帝時的楚王劉英和靈帝。明帝曾「遣郎中蔡愔、博士弟子秦景等使於天竺，寫浮屠遺範。愔仍與沙門攝摩騰、竺法蘭東還洛陽。中國有沙門及跪拜之法，自此始也。愔又得佛經四十二章及釋迦立像。明帝令畫工圖佛像，置清涼臺及

42.何清谷校注，《三輔黃圖校注》（西安：三秦出版社，1998），頁168。《漢書‧西域傳》說：「鉅象、師子、猛犬、大雀之群食於外囿，殊方異物，四面而至。」

43.何清谷校注，《三輔黃圖校注》，頁195–196。

44.同上，頁216。

45.同上，頁208–209。

46.同上，頁220。何清谷注引陳直說，謂自咸陽北面高原至興平一帶，農民稱為北邙坂，與洛陽北邙山名同實異。

顯節陵上，經緘於蘭臺石室。愔之還也，以白馬負經而至，漢因立白馬寺於洛城雍門西。」[47]明帝時的楚王劉英「學為浮屠齋戒祀」，「尚浮屠之仁祠」，「學為齋戒祭祀」[48]。帝王和諸侯王之所好引導了流行，洛陽甚至出現了中土第一座佛寺。靈帝則以好胡服、胡帳、胡牀、胡坐、胡飯、胡空侯、胡笛、胡舞著稱，《續漢書·五行志》接著明確地說：「京都貴戚皆競為之」。以上這些好尚異域宗教或物質文化的現象，頗合於東漢初馬廖所說的話。

　　喜好異地奇物的並不是只有兩漢帝王和諸侯王。漢初宦者中行說投奔匈奴，曾對匈奴單于喜好漢廷所賜繒絮食物，極不以為然（《漢書·匈奴傳》頁 3759）。中原產製的繒絮食物對匈奴貴人而言，也是異域珍奇。由此一端，可以推想具有「異域」特色的物品，市場廣大，不限中原。除了中央和諸侯王國的工官作坊，應也曾有不少民間作坊參加模仿，供應中外不同層級市場的需求。過去《西京雜記》被視為後世偽書，不受重視，但其中若干記載，例如鉅鹿的織匠陳寶光，長安的鑄作巧工丁緩、李菊，卻不妨看作是私人紡織和鑄造作坊存在的遺影。又《西京雜記》提到高帝、武帝、宣帝和哀帝時，中外各地獻異物，影響到一時之好尚，例如本文特別討論的馬匹飾物：

47.《魏書·釋老志》，頁 3025–3026。

48.《後漢書·光武十王傳》，頁 1428。

武帝時，身毒國獻連環羈，皆以白玉作之。瑪瑙石為勒，白光琉璃為鞍，鞍在闇室中，常照十餘丈，如晝日。自是長安始盛飾鞍馬，競加雕鏤，或一馬之飾直百金。❹

這裡說到受身毒國影響，以各種寶石盛飾鞍馬，可惜目前還無法從考古出土上得到證實。其實中原馬匹各部分的裝飾，甚至騎士的裝束，自戰國以來即深受草原牧民的影響。前述山東、江蘇、河南西漢諸侯王墓和廣州南越王墓中所見斯基泰藝術風格的金、鎏金當盧、節約或腰帶扣飾，可以說都是這種風尚下的產物。

值得一提的是在南越國宮署遺址曾出土一種和金熊節約造型相同，用以鋪墊宮室臺階的空心磚（圖 53.1–2）。這頗可證明來自域外的熊造型深受歡迎，不僅用於仿製馬具，更曾被應用到其他的裝飾上。同樣轉移應用的情形也見於南昌海昏侯墓出土的玉飾殘件（圖 53.3）。殘件上可清晰看見雙熊咬著某種獸類或野豬的背部。安徽巢湖北山頭一號漢初墓出土的兩件漆盒上分別有極精美對稱的四馬圖案，四馬一致翻轉後肢，底部刻有「大官」二字（圖 54.1–3、圖 55.1–2）❺

49.向新陽、劉克任校註，《西京雜記校註》（上海：上海古籍出版社，1991），頁 78。

50.安徽省文物考古研究所，巢湖市文物管理所編，《巢湖漢墓》（北京：文物出版社，2007），頁 111–113。

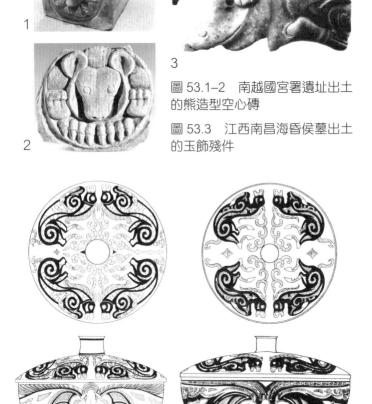

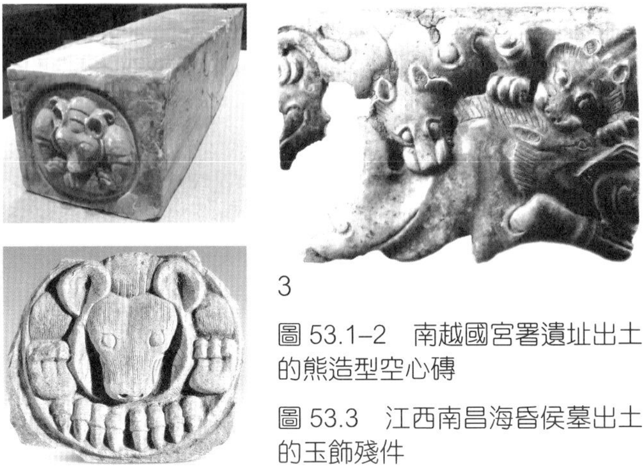

圖 53.1–2　南越國宮署遺址出土的熊造型空心磚

圖 53.3　江西南昌海昏侯墓出土的玉飾殘件

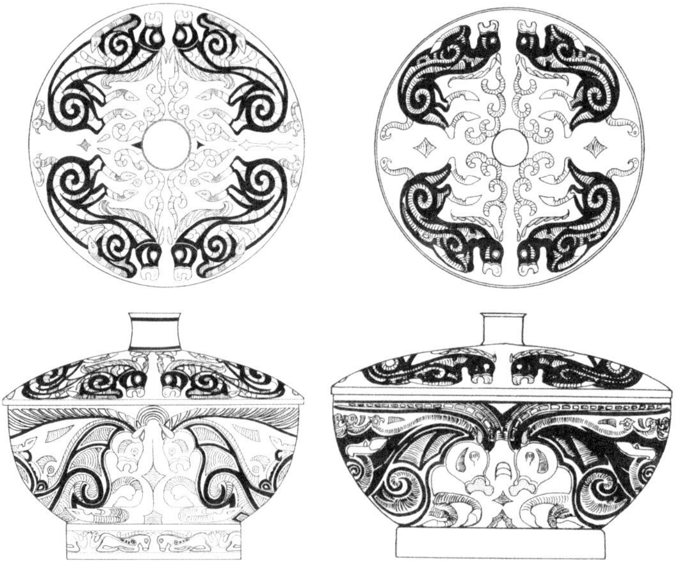

圖 54.1–3　安徽巢湖北山頭一號漢初墓出土的漆盒線描圖

圖 55.1–2　安徽巢湖北山頭一號漢初墓出土的漆盒

　　以上種種具斯基泰風格的紋飾母題被仿製到金帶飾，甚至只有華夏中原才產製的漆器和玉飾上，不但充分說明異域裝飾母題或造型的轉移應用，更足以證明西漢流行的風氣。尤其值得注意的是巢湖北山頭一號墓的墓主，據考古報告分析，不是一般平民，但也不是西漢初年的諸侯或侯，比較可能僅僅是漢代居巢縣的縣令、長之類。如果此說正確，自戰國以來原本在上層貴族和諸侯王國流行的異域風，在文景之時似乎已向下吹到了地方首長這一級❺。

51.《巢湖漢墓》，頁 149。經進一步考察墓中出土的「曲陽君胤」玉印及大量質地頗佳的銅玉器、底部刻有「大官」字樣的漆器、有「乘輿」銘的銀盤以及無論造型和製作都和廣州南越王墓出土相同的裂瓣紋銀豆，我原本揣想墓主為侯國之君的可能性似乎應比縣、令長更高。可是 2011～2017 年山東青島土山屯出土西漢末期前後的劉氏墓群，有大量精美的玉、漆、銅器，其中一四七號墓墓主明確為漢琅邪郡堂邑縣令劉賜，出土玉印、玉璧、玉溫明，甚至大片鋪於

域外與域內的仿製

工藝品相互仿製是文明交流過程中常見的現象。所謂仿製可有幾層意義：一是製造技術的引入或輸出，二是裝飾母題或形式的模仿，三是母題或形式模仿後的再創造或在地化。在數千年漫長的歲月裡，在歐亞大陸這塊廣闊的區域內，工藝接觸和模仿的過程極其複雜，至今仍有太多的謎，但可以確信的是其中應有很多不是直接接觸和模仿，而是層層間接的再仿製。其結果，有些還有痕跡可尋，有些已桃僵李代，面目難辨。這個問題太大，以下僅能略舉一、二例。

就工藝技術而言，羅豐前引大文曾據艾瑪．邦克、林嘉琳 (Katheryn Linduff) 和小田木治太郎對牌飾製造技術不同的看法，進一步復原了模具範鑄的工藝流程，並指出失織－失蠟法和套鑄法可能並存，硬模鑄造可能用於大量生產的青銅牌飾，而失織－失蠟法則或僅用於貴金屬器的製造[52]。我對

棺底的玉席，精美鑲嵌金箔的漆器等，使我們不能排除西漢某些身分特殊的縣令、長（劉賜或為漢室宗親）的墓葬也可能藏有高規格的陪葬器物。參青島市文物保護考古研究所、黃島區博物館（鄭祿紅、翁建紅執筆），〈山東青島市土山屯墓地的兩座漢墓〉，《考古》10 (2017)，頁 32–59 以及 2018 年 CCTV「探索發現——琅琊漢墓發掘記（二）」電視報導。

52. 羅豐，〈中原製造——關於北方動物紋金屬牌飾〉，《文物》 3 (2010)，頁 58–59。

鑄器工藝一向缺乏研究，因為本文討論的馬紋青銅或鎏金牌飾多有鏤空特徵，這裡僅想補充去年王金潮和王瑋發表對中國古代透空青銅器製造工藝的檢討❸。兩位王先生首先指出中國古代青銅器的鑄造法長期有泥模具和失蠟法的爭議，他們以實際複製曾侯乙尊、許公寧扣手透空飾件和陳璋壺透空紋飾圈泥模具為例，以及細緻觀察其他青銅器的工藝痕跡，指出中國「青銅時代的確不存在失蠟法，過去所稱以失蠟法鑄造的透空青銅器皆能以泥質合範工藝實際完成」❹。他們更指出即使用失蠟法，同樣需要製作分塊的組合範；換言之，分塊合範鑄造才是自二里頭起先秦青銅器鑄造法的主流。今人雖曾以失蠟法實驗複製出了先秦青銅器，並不能證明先秦鏤空青銅器就是以失蠟法製成。

　　兩位王先生雖然這麼說，我仍然比較贊成羅豐失蠟和塊範兩法並存的結論。以失蠟法造青銅器在歐亞大陸西端可以最少上溯到西元前第三千紀。以今天伊朗地區為例，這裡出土的古銅器幾乎全以失蠟法製成❺。古代中原的青銅製造無疑主要以塊範法製成，但如果我們同意中原曾受域外青銅工

53.王金潮、王瑋，〈實驗考古——中國青銅時代透空青銅器泥模具鑄造工藝求實〉，《古今論衡》26 (2014)，頁 3–34。

54.同上，頁 6。

55.Houshang Mahboubian, *Art of Ancient Iran Copper and Bronze* (London: Philip Wilson, 2007).

藝的輻射，甚至模仿了域外器物的形式和紋樣，卻認為完全沒有吸收和利用外來的技法，豈不難以理解㊌？不過在製法上是否合適以材質作劃分，也就是說主要以硬模大量鑄造青銅器，以失織─失蠟法製作貴金屬？似乎還可以再商量。因為許多器物往往採用多種材質，以多重而非單一的工藝技法去完成。所謂的貴金屬如果是指金、銀，的確有些以失織─失蠟法製作，很多主要以捶揲或模壓製成，更有很多是以銅

56.周衛榮和黃雄也反對中國古青銅器以失蠟─失織法製造之說。參周衛榮、黃雄，〈「失蠟失織法」商榷〉收入《早期絲綢之路暨早期秦文化國際學術研討會論文集》（北京：文物出版社，2014），頁178-188；但王紀潮意見相反，參所著〈鑄鼎鎔金──先秦時期中國青銅技術成就和動因〉，收入國立自然科學博物館、湖北省博物館編，《鼎立三十》（臺中：國立自然科學博物館，2015），頁7-15，尤其頁13指出春秋中期，中國青銅鑄造技術的重要發展是失蠟法的出現，而最早的失蠟法出現在近東。又該書頁79提到1979年6月，中國機械工程學會鑄造分會曾召開鑑定會，鑑定湖北隨州曾侯乙墓青銅尊盤為熔模（失蠟）工藝鑄造。河南淅川下寺一號楚墓出土的銅盞附件，二號墓出土的銅禁器體和獸形附飾、王子午鼎獸形附飾等春秋中期青銅器也被確認為以失蠟法製造。可見迄今仍難有定論。但最近又有關秦始皇陵出土青銅、馬車鑄造工藝的研究指出：「秦始皇陵出土的青銅馬車具備失蠟法鑄造工藝特徵，而且未見範鑄法工藝留下來的鑄造痕跡，據此可以推斷秦始皇陵青銅馬車的鑄造使用了失蠟法工藝。」參楊歡，〈秦始皇陵出土青銅馬車鑄造工藝新探〉，《文物》4 (2019)，頁88-96。

或鐵為器底，表面鎏金、銀（鐵器鎏金、銀者例如見於馬家塬和圖瓦），甚至有以木為心，外包金或銀箔❺。如果質材並非單一，複合為器，其工藝技術必複雜多樣，這就須要更為細緻的區分。

這裡打算特別討論的是母題的借用和仿製。前引曾推斷，前蘇聯哈薩克共和國境內阿拉木圖出土一個時代屬西漢晚期，鑲嵌綠松石的金冠邊飾，很可能是當地工匠吸收了漢代中原工藝母題元素，也可能即由中國工匠為草原民族所製造。阿拉木圖一帶在漢代是烏孫國的所在，烏孫久為漢代盟國，漢公主曾下嫁烏孫王。因此這裡出土中原製品，並不奇怪。我雖提到兩種可能，但原本的意見其實比較傾向於由中原工匠所製。近來看了較多的材料以後，覺得需要修正。這應更可能是當地工匠利用中原母題而仿製。因為我們不宜單看某件飾物，必須將它放在當地的器物工藝傳統中來考察，才可能比較正確地去判斷它的生產者。我過去忽略了這一點。

阿拉木圖在伊賽克湖北岸，這一帶塚墓出土金銀器很多，在器型和紋飾風格上明顯有當地自己的傳統。而這個傳統又和歐亞大陸，尤其是黑海地區一脈相連。從黑海東岸羅斯托

---

57. 甘肅省文物考古研究所編，《西戎遺珍——馬家塬戰國墓地出土文物》，頁 70-198 ；S. Stark and K. S. Rubinson eds., *Nomads and Networks: The Ancient Art and Culture of Kazakhstan*, pp. 26, 38-45, 76.

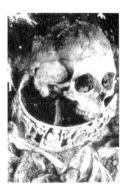

圖 56.1–2　寇比亞寇沃十號塚墓出土的鏤空鑲綠松石金冠及其出土情況

圖 57　史塔克嘗試復原的金冠展開圖

夫的寇比亞寇沃十號塚墓所出鏤空鑲綠松石金冠　（圖 56.1–2）到阿拉木圖所出金冠，應該都是一個相近傳統影響下的產物，後者不過是在部分紋飾上借用了流行於漢世中原的神仙母題而已。在中亞從事考古的美國學者史塔克 (Sören Stark) 曾試圖利用寇比亞寇沃金冠復原阿拉木圖金冠缺失的部分（圖57），說明二者的關聯性。他又據北亞遊牧民族墓葬出土的漢代銅鏡上的神仙紋飾，論證阿拉木圖金冠上神仙紋飾的可能來源。衡量其說，現在覺得實較我的舊說更為合理㊿。

58.Sören Stark ,"Nomads and Networks: Elites and their Connections to the Outside World", in S. Stark and K. S. Rubinson eds., *Nomads and*

圖 58.1　阿富汗北部席巴爾甘黃金之丘出土的金刀鞘

圖 58.2　前圖鞘身局部

圖 58.3　前圖作者線描圖

圖 59　羅斯托夫廿五號塚一號墓出土的鐵刀與刀鞘（約西元二世紀）

　　中亞古代器飾曾借用和仿製中原母題的另外一個例子是龍。較好的例證應屬阿富汗北部席巴爾甘黃金之丘出土的金質附耳式刀鞘和金帶鈎。黃金之丘墓群出土金器上萬，其中屬於西元一世紀後半期的四號墓，出土一件金刀鞘。其鞘身裝飾有一連串首尾相銜的神獸　（圖 58.1–3），其中有一龍形獸，其頭部和波浪狀彎曲的身軀，與秦漢畫像石和磚上常見的龍幾無二致。首先必須指出附耳式刀鞘的形式有單耳和雙耳，很清楚淵源自古老的伊朗，雙耳者曾見於前述黑海東岸羅斯托夫廿五號塚的一號墓（圖 59）和新疆天山北麓的尼勒克吉林臺墓地（圖 60.1–2）❺❾，這與古代中原流行的無耳刀鞘完全不同。附耳式刀鞘只可能是中亞傳統下的產物❻⓿。若

Networks: The Ancient Art and Culture of Kazakhstan, pp. 107–138. 孫機先生也認為本件金冠是中亞工匠受漢文化影響而製造。參孫機，〈東周、漢、晉腰帶金銀扣具〉，《仰觀集》（北京：文物出版社，2012），頁 94–95。我現在比較同意他們的看法。

59.尼勒克吉林臺墓地考古簡報見新疆文物考古研究所、伊犁哈薩克自治州文物局，〈尼勒克縣加勒克斯卡茵特山北麓墓葬發掘簡報〉，《新疆文物》3–4 (2006)，頁 1–28。這個墓群的年代上限在西元前六世紀前後，下限最晚相當於漢晉時期。

60.孫機先生曾討論過這種附耳式刀鞘的來歷和佩帶法，請參孫機，〈玉具劍與璏式佩劍法〉，《中國聖火》（瀋陽：遼寧教育出版社，1996），頁 15–43。較新研究參林鈴梅，〈新疆地區發現的圭字形劍鞘的研究〉，《西域文史》（北京：科學出版社，2018），頁 127–144。

仔細觀察，刀鞘上的龍尾分岔略似魚尾，又似被其後一獸咬住。這樣的尾部造型和構圖概念完全不見於秦漢中原的器飾，卻見於黃金之丘出土的其他金飾（見前圖23.1-2）和新疆尼雅出土的棉布臘染（圖61.1-2）。棉布臘染工藝絕非秦漢中原所曾有，其上圖飾左側描繪手持豐饒角的女神，右端上方殘存獅爪和獅尾，這些都和希臘神話有關，也明確和秦漢中原無涉。可見這件棉織品不可能來自中原，只可能是西元一、二世紀尼雅或尼雅貿易範圍內，某地工匠受東西各方裝飾藝術母題影響，兼容並蓄而後產製的。

　　黃金之丘第四號塚墓還出土一件金帶鉤，其上有造型十分明確的龍（圖62），龍頭、龍角和波浪式彎曲的龍身都和中原所見無異，其後雖無追咬的獸，尾部卻也分岔如魚，可見龍的造型雖大體類似中原，尾部造型卻融入了在地的元素。而這種在地元素應和古代希臘神話中似龍有魚尾或馬頭龍身魚尾的海怪 (ketos) 有關（圖63.1-2～圖66）。因為正如大家所熟知，黑海地區代表斯基泰藝術的許多金銀器，實際上出自黑海沿岸希臘殖民城邦的希臘工匠之手。如果比較黃金之丘第四號塚出土的龍和希臘陶罐上彩繪的龍，即不難發現四號塚金帶鉤、金刀鞘上的龍頭和龍身部分與中國中原的器具較相似，龍尾部分則有希臘海怪分岔如魚的特色而與中國龍不同。

　　前賢早已指出仿製的現象見於域外，也見於域內，本文僅作了些補充。最後打算舉河南永城芒碭山西漢梁王墓牌飾

圖 60.1–2　2003 年於尼勒克吉林臺墓地出土的西元前十至六世紀骨質刀鞘

圖 61.1　1959 年尼雅出土臘染棉布

圖 61.2　前圖局部左側有一獸咬住龍尾

圖 62　阿富汗黃金之丘第四號塚墓出土的金帶鉤

圖 63.1–2　土耳其西南卡銳亞出土西元前 530 年左右希臘陶甕及局部，描繪赫拉克利斯 (Heracles) 大戰海怪 ketos

圖 64.1–2　義大利羅馬出土西元前五世紀伊特拉士坎或羅馬青銅圓錐桶蓋上的海怪紋飾

圖 65　美國加州蓋提博物館 (J. Paul Getty Museum) 所藏的西元前
四世紀希臘陶罐，描繪伯爾修斯 (Perseus) 大戰海怪 ketos

圖 66　於義大利半島南端考隆尼亞 (Caulonia) 的龍之屋
(Casa del Drago) 發現西元前三世紀海怪 ketos 鑲嵌

為例，說明由仿製進而再創造，終致母題「在地化」面目全非的現象。這一現象過去已有學者注意，唯意見相當分歧❻。

　　前文提到所謂仿製有形式上和紋飾上的模仿。西漢梁王墓陪葬坑出土了很多明顯具有斯基泰藝術風格的仿製金質馬具和牌飾，有趣的是在同一陪葬坑內，另外出土了十餘件長方形鏤空的馬車牌飾。長方形鏤空銅質鎏金牌飾無疑保留了草原牌飾的外部形式，牌飾的紋飾內容卻已完全「漢化」成中原本土流行的謁見、玄武、麒麟等和神仙有關的母題（圖67.1–5）。考古報告說這些銅質鎏金牌飾有十五件，可分為二型。I型有兩件，整體形狀為豎立長方形，圖案透雕。以聳峙的山巒為主題，流雲環繞，古松蔥翠。山頂峰有一鳥，山

---

61. 盧岩、單月英曾以揚州西漢晚期「妾莫書」木槨墓出土長方形鎏金金銅腰飾牌的邊紋、內飾都已失去浮雕動物紋的特徵為例，說明這種長方形動物紋牌飾在西漢晚期逐漸退出歷史舞臺。參氏著，〈西漢墓葬出土的動物紋腰飾牌〉，《考古與文物》4 (2007)，頁 54–55。但也有學者指出草原動物紋飾對兩漢畫像石藝術造成了影響，並未消失，只是轉換了舞臺。參楊孝鴻，〈歐亞草原動物紋飾對漢代藝術的影響——從徐州獅子山西漢楚王陵出土的金帶扣談起〉，《藝苑·美術版》1 (1998)，頁 32–38。潘玲更據較多的材料對長方形牌飾分類和定年，指出在不同的區域會以原有的牌飾為模型「翻製出新的牌飾」，時代可以晚到兩晉三燕時期。參潘玲，〈矩形動物紋牌飾的相關問題研究〉，《邊疆考古研究》3 (2005)，頁 126–145。意見頗有不同，可見這一問題還待較全面地深入研究。

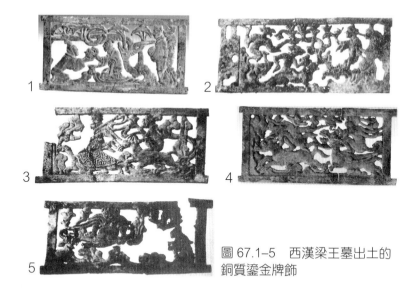

圖 67.1–5　西漢梁王墓出土的
銅質鎏金牌飾

腳下一虎作爬山狀。II 型有十三件，外部輪廓長方形，方框
內為透雕人物、異獸等圖案。II 型共有五種不同的圖案，簡
單地說有(1)樹下賓主對坐相互為禮，後有站立的侍者　（圖
67.1）；(2)右端有仙人，與左端獸首人身者對語（圖 67.2），
下有騎虎異獸；(3)仙人騎麒麟尾隨玄武之後（圖 67.3）；(4)異
獸與帶羽仙人各騎一麒麟（圖 67.4）；(5)跪姿人物及帶翼神獸
（圖 67.5）⓺ 。

　　以上馬車牌飾不論 I 型或 II 型，都呈鏤空長方形，這和
近年甘肅張家川馬家塬西戎墓出土鑲嵌在車箱外側，以金銀
箔片剪切而成的長方形鏤空車牌飾，在外形上可謂一致⓺，

62.詳見閻根齊主編，《芒碭山西漢梁王墓地》，頁 47–48。

但紋飾內容完全不同。馬家塬出土的其他金銀車飾和腰帶飾都明顯和北亞斯基泰藝術風格有關❻❹。我們當然不能說梁王墓牌飾和馬家塬者直接相關，但用長方形鏤空金屬片裝飾馬車的概念，無疑可以透過馬家塬找到域外的淵源。這裡要強調的是來自域外的車飾或其他牌飾形式，在中原工匠的模仿下，或者保有原本的形式和內容，或者作了局部和不同程度的變化（有些保有紋樣，卻製作地更為優美繁複精緻），或在舊瓶中注入了全新的酒，除了瓶子，已無原酒的滋味。這部分分辨不易，也最容易被忽略。這個問題還須要更多論證，更多方面的考慮，這篇小文僅提了個頭，不論域內或域外者，細論都有待來日❻❺。

63.參甘肅省文物考古研究所編，《西戎遺珍——馬家塬戰國墓地出土文物》，頁 24 圖 14、頁 86 魚紋銀車飾、頁 93 長方形金銀車輪飾、頁 96 長方形虎紋金車輪飾等。

64.同上，頁 30。

65.例如，1987 年在新疆和靜縣察吾乎出土一面屬新疆鐵器時代早期的青銅圓形鏡，直徑 9 公分，中央有橋形鈕，外形完全像秦漢銅鏡，但其背面虎形紋飾完全不見於中原，紋飾線條簡單粗糙，無疑是當地的仿製品。另外阿爾泰山區村莊 Boukhtarma 也曾出土時代約屬西元前八至前七世紀的鹿紋圓形中央有鈕無柄銅鏡，直徑 13.5 公分。這類域外仿製，而母題已完全在地化的應有不少，難以細舉和辨識。和靜出土銅鏡見朝日新聞社，《樓蘭王國と悠久の美女》（東京：朝日新聞社，1992），頁 124 圖 324。Boukhtarma 出土銅鏡見

結　論

　　總結來說，從黑海北岸向東人致經西伯利亞、蒙古草原到大興安嶺，數千年來一直是民族移動、貿易、戰爭和文化往來的通道，因往來而留下的無數遺跡、遺物，近兩百年來吸引著無數學者去勾勒出一幅幅面貌不盡相同的歷史畫卷❻❻。隨著遺址發掘或發現和出土遺物的增加，有些畫面變得較為清晰，仍有太多模糊不明，爭議難定，有待進一步解析。本文僅就時代約略屬戰國至漢代的長方形金屬動物紋牌飾或佩飾為線索，對舊作略作補充和修正，試圖指出古代中外文化交流現象和內涵的複雜性；有些現象比較明顯，尚可追索，有些面目難辨，還難論定。最後必須鄭重強調，動物

Iaroslav Lebedynsky, *Les Saces*, Paris, 2006, p. 104.

66.較新一篇大規模檢討中國北方地帶和草原文化互動關係且有新見的論文當屬單月英，〈東周秦代中國北方地區考古學文化格局——兼論戎、狄、胡與華夏之間的互動〉，《考古》3 (2015)，頁303–344。根據單先生的分析，本文討論獸類有翻轉後肢特色的鎏金或金銀飾牌多出現在戰國末期至秦代，並認為裝飾神獸紋樣的長方形腰飾牌本身就是秦國工匠的「全新創造」（頁343）。同樣意見又見前引單月英，〈中國及歐亞草原出土的長方形腰飾牌與飾貝腰帶研究〉，收入羅豐主編《絲綢之路考古》第一輯，頁127–167。另一檢討全局並提出新說的應屬前引楊建華等著《歐亞草原東部的金屬之路》，值得參考。

紋牌飾在不同時代和地區有十分多樣的形制❻，僅僅據長方
形馬紋牌飾為線索一定會有認識上的局限。不足和欠妥之處
必多，敬請前賢和專家們指教。

後記：

　　本文寫作過程中，得到好友羅豐、陳健文及學棣石昇烜、
游逸飛協助，謹申謝忱。又本文寫完後，得見英國杰西卡・
羅森 (Jessica Rawson)〈異域魅惑──漢帝國及其北方鄰國〉，
《古代墓葬美術研究》第二輯（長沙：湖南美術出版社，
2013）、〈中國與亞洲內陸的交流（公元前 1000 至公元 1000
年）：一個西方的視野〉收入復旦文史研究院、中華書局編輯
部編《心物交融》（北京：中華書局，2017）以及楊建華等著
《歐亞草原東部的金屬之路》（上海：上海古籍出版社，
2016）所論或和敝文相關，或和敝見相似，不及充分參考，
十分遺憾。

本文原刊於孟憲實、朱玉麒主編，《探索西域文明──王炳華先
生八十華誕祝壽論文集》（上海：中西書局，2017），頁 45–71。
2019 年 8 月 4 日增訂。

67.喬梁，〈中國北方動物飾牌研究〉，《邊疆考古研究》1 (2002)，頁
13–33。

中國古代平民的讀寫能力

　　我們在評估中國古代社會讀寫能力的普及程度或所謂的「識字率」時，不能不將代筆、代讀的現象納入考慮。以下擬舉古代希臘和羅馬的記載和學者的爭論為例，反思古代中國可能存在的情況。大家都知道西元前五世紀希臘的雅典等城邦有陶片流放制 (ostracism)。雅典公民可在陶器殘片上寫下不喜歡的執政官的名字，某執政官如得六千票，將被放逐於雅典之外十年 ❶。這種投票用的破陶片已在雅典的廣場 (agora) 出土上萬（圖 1）。不少學者因此認為，這種投票制度之所以存在的前提是雅典的公民有頗高的識字率。

　　但另有學者仔細研究陶片上刻寫的字跡，發現不少名字是由相同的人所刻寫。例如學者分析在雅典衛城北邊山坡水井中出土的一百九十一片陶片字跡，發現它們僅出自十四人之手（圖 2）❷。現在根據更多的證據，證明陶片固然有不

---

1. 關於陶片流放制較新的研究可參 Sara Forsdyke, *Exile, Ostracism, and Democracy: The Politics of Expulsion in Ancient Greece*, Princeton and Oxford: Princeton University Press, 2005. 除了雅典，有類似流放制並有類似陶片出土的希臘城邦還有 Argos, Chersonesus, Cyrene, Megara。參 Sara Forsdyke, op. cit., pp. 285–288.
2. 參 Oscar Broneer, "Excavations on the North Slope of the Acropolis,

少是投票者自備自刻，但也有很多是為投票者事先準備好的
(ready-made to the voters) ❸。換言之，雅典公民投票，不一定自
己刻寫陶片，而是有人代勞。

1937," *Hesperia*, vii (1938), pp. 228–243，又見 W. V. Harris, *Ancient Literacy*, p. 54, note 43, p. 147, fig. 1. 及 Rosalind Thomas, "Writing, Reading, Public and Private 'Literacies', Functional Literacy and Democratic Literacy in Greece," in W. A. Johnson and H. N. Parker eds., *Ancient Literacies: The Culture of Reading in Greece and Rome*, pp. 18–19. 唯 W. V. Harris 書說有一百九十一片，Rosalind Thomas 文說有一百九十片。感謝牛津大學許家琳博士代為找到 O. Broneer 的原發掘報告，才知一百九十一片是指在井中發現的陶片總數，其中刻寫 Themistocles 名字的有一百九十片。見原報告，頁 228。原報告依書跡特徵將陶片分成十四組，由十四人所刻寫，另有十一件因殘片太小，刻字筆劃太少，無法確辨刻字特徵。

3. Rosalind Thomas, op. cit., p. 19. 在同文中 R. Thomas 指出，陶片上還出現很多書寫沒把握和拼寫錯漏的情形，證明這些陶片即便是公民自己刻寫，其讀寫能力也不過是寫個名字而已，特名之為 name literacy。從西元前五到前四世紀，雅典政治中文書使用量雖然增加，但大部分公民參加的集會或陪審團，會有人大聲宣讀文件，因此一般公民參與政治並不須要太高讀寫的能力。另參 Sara Forsdyke, *Exile, Ostracism, and Democracy*, p. 148, note 15；羅馬社會也是說聽比讀寫能力重要。參 Thomas Habinek, "Situating Literacy at Rome," in W. A. Johnson and H. N. Parker eds., *Ancient Literacies: The Culture of Reading in Greece and Rome*, pp. 114–140.

圖 1　雅典廣場出土的陶片

圖 2　水井出土 B 組陶片部分

　　雅典歷史上曾有一則著名的軼事是西元前 482 年，某位鄉下人打算進城投票，放逐他不喜歡的執政阿瑞斯泰底斯（Aristeides，西元前 530～前 468 年）。他進城時在路上遇見了阿瑞斯泰底斯，卻不認得他，反而央求阿瑞斯泰底斯代他在陶片上寫下阿瑞斯泰底斯的名字。阿瑞斯泰底斯問他：「為什麼？」鄉下人說：「不喜歡他被稱之為『公正的人』。」阿瑞斯泰底斯默不作聲，即在陶片上寫下自己的名字❹。

　　這段軼事不論是否屬實，古代雅典存在代筆應無可疑。由這個故事雖不能估計代筆的普遍程度，但據陶片刻字以估

---

4. Plutarch, *Life of Aristides*, VII. 7–8; W. V. Harris, *Ancient Literacy*, p. 104; Sara Forsdyke, *Exile, Ostracism, and Democracy*, pp. 148–149.

計雅典公民讀寫能力普及的程度，就不能不大打折扣。同樣的，在埃及曾出土大量羅馬時代的莎草紙文書 (papyri)。有人據以推估埃及可能曾是古代地中海世界一個識字率較高的地區。但從莎草紙文書的內容，學者發現古代埃及社會存在著很多職業性的「書手」(scribes)。從希臘化到羅馬時期的埃及人，不論識不識字，多到書手的「寫字間」(grapheion) 抄寫或簽訂各式各樣的文書❺。莎草紙文書的數量並不能如實反映社會中識字或讀寫普及的程度。同樣的情形也見於英國雯都蘭達出土，約屬西元一、二世紀間羅馬駐軍的私人書信。這些寫在木牘上的書信，多由發信人口授，由知書的侍者或書吏代筆，發信人自己僅在信尾簽名或加一二問候的話，因此經常有信件本身和簽名筆跡不同的情形❻。

　　以上這些發生在其他古代社會裡的現象，大可啟發我們

5. Rosalind Thomas, "Review on W. V. Harris, Ancient Literacy," *Journal of Roman Studies*, LXXXI, 1991, p. 182.

6. 參 A. K. Bowman, J. D. Thomas, *Vindolanda: The Latin Writing-Tablets*, 1983; A. K. Bowman, "The Roman Imperial Army: Letters and Literacy on the Northern Frontier," in A. K. Bowman and G. Woolf eds., *Literacy and Power in the Ancient World*, Cambridge: Cambridge University Press, 1994, pp. 124–125；邢義田，〈羅馬帝國的「居延」與「敦煌」——英國雯都蘭達出土的駐軍木牘文書〉，《地不愛寶》（北京：中華書局，2010），頁 258–284，特別是頁 276–277。

去思考中國古代的情況。代寫代讀如果普遍存在，利用傳世和出土的文字資料去估計古代的識字率或讀寫能力普及的程度，就不能不格外小心❼。

　　秦漢時代十分重視文字和基本的讀寫能力，也重視初級教育，法律甚至規定遺囑、買賣或質借的各種契約必須以寫定的券書而不得以口頭為據❽，但占人口絕大多數的農民，接受文字讀寫教育的機會恐怕有限，又因能聽能說事實上即足以應付一般生活的絕大部分，不見得非要學會讀寫文字。漢文帝時，賈山說：「臣聞山東吏布詔令，民雖老羸癃疾，扶杖而往**聽**之。」（《漢書‧賈山傳》）可見漢代傳布詔令，除要求地方郡縣張掛詔令簡冊於鄉、亭、市、里顯見之處❾，更重

7.例如有學者列舉漢代平民上書事例，證明民間識字教育的普及。或以《史記‧外戚世家》少時家貧的竇少君，後上書其姐竇皇后的故事為證，證明他能夠識字，能夠上書自陳，其實都應將請人代筆的可能納入考慮。民間識字和能上書者固有，程度似常欠佳，因此他們的上書才會常「署不如式」，「字或不正」，須要勞動史書令史舉劾。王莽時曾有四十八萬七千餘吏民為王莽上書，如考慮可能存在代筆，即不宜簡單地認定四十八萬多人都是自書自寫。

8.參邢義田，〈張家山漢簡《二年律令》讀記〉，《地不愛寶》（北京：中華書局，2010），頁160。

9.參汪桂海，《漢代官文書制度》（桂林：廣西教育出版社，1999），頁157–158；王利器，《風俗通義校注》（臺北：明文書局，1982），頁494：「光武中興以來，五曹詔書，題鄉、亭壁，歲補正，多有闕

要的是由鄉里之吏以口頭向基層不識文字的百姓宣達。《漢
書‧循吏傳》「黃霸」條說宣帝時,「上垂意於治,數下恩澤
詔書,吏不奉宣。太守〔黃〕霸為選擇良吏,分部宣布詔令,
令民咸知上意。」所謂「吏不奉宣」,應該就是東漢崔寔所說
地方吏「得詔書,但掛壁」,將詔書往壁上一掛了事,並沒有
抄錄成扁,懸掛在鄉亭市里等等顯見之處。黃霸為潁川太守,
特別派遣官吏在轄區內分頭宣布詔令,所謂「宣」或「宣
布」,是在各處懸掛詔書,似也應曾口頭宣告,如此民雖老
弱,才會「扶杖而往聽之」❿。

誤。永建中,兗州刺史過翔,箋撰卷別,改著板上,一勞而久
逸。」

10.在秦漢簡牘公文書中除了「以律令從事」,還有極多「聽書從事」
的習用語。「聽書」何義?過去沒有引起太多注意。馬怡謂聽指「聽
從」、「聽受」。聽書從事意謂「聽從文書指示辦理事務」,見所著,
〈里耶秦簡選校〉,《中國社會科學院歷史研究所學刊》第四集(北
京:商務印書館,2007),頁136。按:「聽」有聆、從、受諸義,
其本義無疑如《說文》段注所說,指用耳聆聽。頗疑「聽書」如同
漢代治政之處謂之「聽事」,蓋受命或理政,多賴口耳說聽再記錄
成文。口頭傳達的重要性應該注意。不過,「聽書從事」一旦成為
慣用語,是否仍保有本義,卻不一定。「聽書」也可能僅指「聽憑
文書」、「依從文書」,不必然指口傳。「聽書從事」文例見謝桂華等
編,《居延漢簡釋文合校》(北京:文物出版社,1987),簡136.41、
271.20A、410.4、459.4、484.36;甘肅省文物考古研究所等編,《居
延新簡》(北京:中華書局,1994),簡EPT51.236、EPF22.56A、

　　口頭宣達本是鄉里之吏的事。自漢初，鄉即有所謂「掌教化」的三老。教化些什麼呢？其一大內容很可能像後世一樣，在於傳達中央及郡縣交付的詔書、法令規章或所謂的「條教」之類。在文盲居多的農業聚落裡，口頭傳達和溝通應比文字更為有效和重要❶。舉例來說，縣鄉等最基層的吏經常

EPF22.247A、EPF22.251、EPF22.255；前引陳偉等編，《里耶秦簡牘校釋（第一卷）》，頁53（簡8–69）、70（簡8–133）、193（簡8–657）。

11.近年歐美和日本學者已開始注意行政中的口頭傳達和溝通，例如葉山 (Robin Yates) 指出 orality 和 writing 之間複雜的關係。參葉山，〈卒、史與女性：戰國秦漢時期下層社會的讀寫能力〉，頁359–362。冨谷至指出漢代邊塞傳達命令，在部以下單位可能用口頭。參冨谷至，《文書行政の漢帝國》（名古屋：名古屋大學出版會，2010），第三編各章；藤田勝久注意到漢代傳達政令如檄書，並用文書和口頭兩種形式。參藤田勝久，〈漢代檄の傳達方法と機能―文書と口頭傳達〉，《愛媛大學法文學部論集―人文學科編》第32號 (2012)，頁1–37。角谷常子注意到行政的嚴格文字化，但口頭仍占重要部分。參角谷常子，〈文書行政の嚴格さについて〉，《東てジア簡牘と社會―東てジア簡牘學の檢討―シンポジウム報告集》（中國政法大學法律古籍整理研究所、奈良大學簡牘研究會、中國法律史學會古代法律文獻專業委員會，2012），頁15–29。又口頭傳達和宣講在傳統中國地方上一直都十分重要，例如宋代除了粉壁和榜諭，還要地方文吏在鄉間以口頭宣講教令，參高柯立，〈宋代的粉壁和榜諭：以州縣官府的政令傳布為中心〉，收入鄧小南編，《政

需要「聽訟」，地方百姓或吏也經常為公私事務「自言」。所謂「自言」，有些可能是書面，但絕大部分情況應是口頭的；既有自「言」，才有所謂「聽」訟。百姓口頭向官府申訴或申請，地方吏聽取後，筆錄而成所謂的「自言書」❷。一個實例見於《漢書·朱博傳》：博「為刺史，行部，吏民數百人遮道**自言**，官寺盡滿。從事白請且留此縣，**錄見**諸自言者，事畢乃發。」刺史巡行州部界中，吏民趁機遮道申訴。這樣數百人在街道和官衙中的「自言」，應指以口頭陳述。隨行的屬吏建議暫時留駐，以便接見並記錄他們所申訴的內容。《周禮·地官》「大司徒」條謂：「凡萬民之不服教而有獄訟者，與有地治者（鄭玄注：有地治者，謂鄉、州及治都鄙者也。）**聽**而斷之。」就廣大人口所在的農業聚落本身和聚落治理而言，聽、說應該比書寫更為重要，或者說最少是同樣重要。

續考察與信息渠道——以宋代為重心》（北京：北京大學出版社，2008），頁 425-426。明初，地方官和士紳須按時聚民講讀御製《大誥》，異曲同工。參朱鴻林，〈明太祖的教化性敕撰書〉，收入《徐苹芳先生紀念文集（下）》（上海：上海古籍出版社，2012），頁 577-600。又清初山東萊蕪知縣葉方恒曾召集地方紳民宣講康熙諭旨「戒窩逃以免株連」，參顧誠，《南明史》上（北京：光明日報出版社，2011），頁 164-165。

12. 自言的性質可參籾山明，《中國古代訴訟制度の研究》（京都：京都大學出版會，2006），頁 202-210；李力中譯，《中國古代訴訟制度研究》（上海：上海古籍出版社，2009），頁 180-188。

　　由此正可以瞭解為什麼縣以下的鄉吏必由本地人出任。一個根本原因是古代各地土語方音不同，識字者又有限，不由本地人擔任，即難以靠聽、說去傳達政令和瞭解民情，建立有效的統治。《二年律令・戶律》曾規定百姓立「先令」（遺囑）以分配田宅、奴婢和其他財物時，「鄉部嗇夫**身聽**其令，皆參辨券**書之。**」（簡 334）鄉嗇夫必須親自「聽」老鄉們的遺言，然後記錄成三分的券書。前引儀徵出土西漢元始五年的先令券書，就是由臨終的朱淩「自言」她打算如何分配田產，並由鄉三老、鄉有秩和里師等寫成文書的一個實例。以上〈戶律〉的規定和實例清楚證明在鄉里間，基層吏具備聽說方言能力的重要性。秦漢以降，文字統一，但單憑文字並不能完成對基層鄉里的溝通和訊息傳達，仍有不小的一部分必須依賴聽和說。

　　除了鄉里，郡縣和中央又何嘗不然？在地方郡縣或中央為官的，來自不同的地域，語音各異，為了達成文字以外的溝通，一方面或需學習京師「官話」、「正音」或「雅言」❸，另一方面也需要在某種程度上瞭解各地的方音土語。西漢末，

13.繆鉞，〈周代的「雅言」〉，收入《冰繭庵叢稿》（上海：上海古籍出版社，1985），頁 110–117；王利器，《顏氏家訓集解》（上海：上海古籍出版社，1980），〈音辭篇〉，頁 473；余嘉錫，《世說新語箋疏》（上海：上海古籍出版社，1993），〈容止第十四〉，頁 615；〈排調第二十五〉，頁 792。

揚雄利用「天下上計孝廉及內郡衛卒」到京師,「問其異語」
而成《方言》一書,應和這樣的需要有很大的關係❶。

　　古代占人口絕人多數的農民,如前义所說,不知文字。
漢文帝時,中郎署長馮唐曾對文帝說:「**夫士卒盡家人子,起
田中從軍,安知尺籍伍符**?」(《史記‧張釋之馮唐列傳》)漢世
軍中簿籍、符、傳等無不使用文字,田家子弟不知尺籍伍符,
表明他們基本上不識字。馮唐祖父為趙將,馮唐不但熟悉趙
國的軍事傳統,在與文帝問答中,提及當時雲中太守魏尚因
上首功不實而下獄之事,可見他也熟悉當世的軍務。他說當
時的士卒悉為不知尺籍伍符的田家子弟,應有憑據,而且也
概括出了漢初文帝時的情況。可是漢代的皇帝和官僚以教化
為己任,自景帝蜀郡太守文翁以降,武帝和王莽接續於地方
置學校,地方初級教育應有某種程度的推廣。例如東漢初,
六歲的王充曾在會稽上虞學書於「書館」,書館有小童「百人
以上」❶。上虞為會稽郡屬縣,除了縣有書館,兩漢鄉里應
該還有《漢書‧藝文志》所說的「閭里書師」。〈藝文志〉既
然在書師之前冠以「閭里」二字而不是「鄉里」或「縣鄉」,
似乎表明書師之類人物,在閭里應普遍到相當的程度。可惜

14.錢繹,《方言箋疏》(北京:中華書局,1991)附〈揚雄答劉歆書〉,
　　頁 523。

15.黃暉,《論衡校釋》(北京:中華書局,1990)卷三十,〈自紀篇〉,
　　頁 1188。

可供評估其普遍性的實例太少 ❻ 。

　　除了閭里書師，漢代的軍中教育對提升基層平民讀寫能力的重要性也不容忽視。西漢徵發郡國百姓輪番戍邊或戍守京師，在居延和敦煌已發現不少從各個內郡調戍卒前往邊塞的調發文書，以及「罷卒」服役期滿後，歸遣原籍的紀錄：

> 1. 神爵四年十一月癸未，丞相史李尊送獲（護）神爵六年戍卒河東、南陽、潁川、上黨、東郡、濟陰、魏郡、淮陽國詣敦煌郡、酒泉郡。因迎罷卒送致河東、南陽、潁川、東郡、魏郡、淮陽國，並督死卒傳柩（椁）。為駕一封軺傳。御史大夫望之謂高陵，以次為駕，當舍傳舍，如律令 ❼ 。(I 91DXT0309 ③: 237)

---

16. 《漢書・食貨志》謂：「里有庠，鄉有序。」里庠和鄉序在漢代是否存在？未見實證，疑僅僅是依經典而有的理想描述。崔寔《四民月令》所說的小學、大學也是如此。既名為《月令》，即知其寫有理想的成分，不能看作是東漢真實情況的完全反映。不少學者據以討論東漢鄉村小學教育的發達，有待商榷。《三國志・邴原傳》裴注引《邴原別傳》謂：「原十一而喪父，家貧，早孤，鄰有書舍，原過其旁而泣。」邴原為北海朱虛人。可惜我們無法知道邴原所鄰的書舍是在縣或鄉。明確可考的鄉學見《南齊書・顧歡傳》:「鄉中有學舍，歡貧無以受業，於舍壁後倚聽，無遺忘者。」
17. 胡平生、張德芳，《敦煌懸泉漢簡釋粹》（上海：上海古籍出版社，2001），頁 45。

2.陽朔五年三月甲申朔己亥，句陽長立移過所縣邑，為
國迎四年罷戍卒，當舍傳舍、郵亭，從者❶。(73EJT7:
23)

邊簡中屢見「罷卒」、「罷戍卒」，但這兩簡特別重要。第一，
因為有明確宣帝和成帝時的紀年，第二，陽朔五年迎回四年
罷戍卒，頗可證實傳世文獻所載，漢世戍卒戍邊一歲而更調
的制度。第三，宣帝神爵時將河東、南陽、潁川、上黨、東
郡、濟陰、魏郡、淮陽國的戍卒送到敦煌和酒泉去，又將服
役期滿的戍卒分別護送回原籍，可證這一輪調制度確曾相當
普遍地實施。《漢書‧地理志》濟陰郡有句陽縣。按景帝中元
六年，分梁為濟陰國，封孝王子為哀王。哀王卒，無子，國
除，地入於漢為濟陰郡。宣帝甘露二年以濟陰郡為定陶國。
黃龍元年，定陶王徙楚，國除為郡。成帝河平四年，復置定
陶國❶。陽朔五年簡謂「句陽長立移過所縣邑，為國迎四年
罷戍卒」云云，乃迎定陶國之戍卒回鄉無疑。可惜目前沒有
具體資料可以估算這些戍卒和番上京師的衛卒的人數，推測
其人數每年少則成千，多則上萬❷。

18.甘肅省簡牘保護研究中心等編，《肩水金關漢簡（壹）》（上海：中
西書局，2011）。

19.參周振鶴，《西漢政區地理》（北京：人民出版社，1987），頁61。

20.《漢書‧蓋寬饒傳》：「及歲盡交代，上臨饗罷衛卒，衛卒數千人皆

　　這些成千或上萬每年或在若干年內返回鄉里的戍、衛之卒,應曾構成漢代底層社會中具有最初步讀寫能力的一群人。我曾利用邊塞出土的字書、九九和習字簡證明這些原本不知尺籍伍符的田家子,最少有一部分在服役的邊塞上學會了基本的算術、讀和寫,甚至知曉了律令㉑。他們在軍中時間甚短,不過一年,能學到的必然十分有限。如果代人踐更而戍邊或戍衛京師,多服役幾年,學習機會自然變多㉒,回鄉後

叩頭,自請願復留其更一年,以報寬饒厚德。」數千衛士僅是未央宮的衛士,其餘各宮及諸廟寢廟另有衛士,總人數一度可能高達二萬。參廖伯源,〈西漢皇宮宿衛警備雜考〉,《歷史與制度——漢代政治制度試釋》(香港:香港教育圖書公司,1997),頁 7 注 14。戍邊之卒規模似較小,在數千人左右。趙充國曾說:「北邊自敦煌至遼東萬一千五百餘里,乘塞列隧有吏卒數千人。」(《漢書・趙充國傳》)趙充國為漢名將,習知邊事,其言必可信。唯所說數千人是否包括屯田的田卒,不可知。

21.研究英國雯都蘭達出土羅馬駐軍文書的核心學者 A. K. Bowman 指出羅馬駐軍也有類似的現象,即非羅馬裔的駐軍士兵不是原本即有讀寫能力,而是到軍中後才學會了讀寫,參 A. K. Bowman, "The Roman Imperial Army: Letters and Literacy on the Northern Frontier," in A. K. Bowman and G. Woolf eds., *Literacy and Power in the Ancient World*, p. 119, note 28.

22.居延和敦煌簡中都有不少戍卒庸人自代的紀錄。這些代人服役的,服役時間就可能超過一年。這一點謝桂華已曾指出。參謝桂華,〈漢簡和漢代的取庸代戍制度〉,《秦漢簡牘論文集》(蘭州:甘肅人民

利用其知識和「見過世面」的優勢，應有較好的機會成為鄉里之吏。可惜他們有多少人返鄉？返鄉後到底曾從事些什麼？目前都沒有證據。不過，從漢墓所出告地策、買地券、陶瓶朱書、符籙等民間文書，充滿「移」、「敢言之」、「（急急）如律令」等官文書用語與文書格式推想，民間能讀寫的人應曾接觸、學習官文書並加模仿，而服役為戍卒、田卒、燧卒或衛卒正是接觸並學習官文書用語和格式的一個機會。邊塞和內郡的簡牘文書這些年來不斷出土，今後或許會有較明確的資料可以證實或推翻以上的猜想。

本篇論文全文已發表在《第四屆國際漢學會議論文集——古代庶民社會》（臺北：中央研究院，2013），頁 241–288，收入邢義田，《今塵集》上冊（上海：中西書局，2019），頁 3–42。

出版社，1989），頁 77–112。注 38 引《漢書‧蓋寬饒傳》則有衛卒主動要求延長任衛卒一年的事。

略論漢代護軍的性質

　　兩漢護軍之制，因資料有限，難言其詳。吾友廖伯源先生〈漢代監軍制度試釋〉（《大陸雜誌》第 70 卷 3 期，1985，頁 111–126）一文嘗細繹史料，詳論其職司在監軍之外，或亦指揮統率軍隊，為方面之任。其論引證詳實，殆不可移。唯個人偶亦留心漢代軍制，於護軍之制有一二愚見，為廖文所未表，遂草斯篇，聊為續貂。

　　護軍之可考者，始自秦。楚漢之際，漢王亦以陳平「為參乘，典護軍」。《史記‧陳丞相世家》接著說：「諸將盡讙，曰：『大王一日得楚之亡卒，未知其高下，而即與同載，反使監護軍長者。』」護軍之「護」，意為「監護」，此從上下文意可知。「護」，亦有「監」之意。如《漢書‧李廣傳》匈奴「有白馬將出護兵」，師古曰：「護謂監視之。」因此，監護亦可謂即監視。監護諸將之護軍，以監軍為事，於此可知。唯細讀《史記》此節，參以其他記載，則尚有可得而言者。

　　第一，陳平為參乘，蓋謂陳平參漢王之車，與漢王「同載」，隨侍漢王之側，如此勢必不可能隨諸將在各軍營親自監軍。然則陳平如何監護諸將？蓋由所典之護軍行之，此「典護軍」之意也。護軍指特置之一單位人馬，其統領者名為護軍、護軍中尉、護軍都尉，甚或護軍將軍。護軍指特定單位之軍隊，可由《漢書‧胡建傳》見之。胡建為守軍正丞，時

監軍御史為姦，建欲誅之。於是當選士馬日，「監御史與護軍諸校列坐堂皇上」，建率走卒取御史而斬之，「護軍諸校皆愕驚，不知所以。」以意度之，列坐堂皇上者似不可能為護軍各校之所有官兵，只是領諸校之校尉。各校尉皆隸屬護軍中尉或都尉。

　　護軍校尉之可考者有莽末之溫序。溫序嘗為護軍校尉，行部至隴西，為隗囂將所劫❶。護軍都尉下轄若干校兵卒，亦可自公孫敖事證之。《史記‧衛將軍驃騎列傳》：「護軍都尉公孫敖三從大將軍擊匈奴，常護軍，傅校獲王。」索隱引顧祕監云：「傅，領也；五百人謂之校。」此校即護軍諸校之校，一校五百人為漢之常制❷。索隱又引小顏曰：「言敖總護諸軍，每附部校，以致克捷而獲王也。」所謂總護諸軍，意指征匈奴之所有軍隊歟？似不如謂率其所部各軍或各校為妥。護軍所率到底幾校？則無可考。再如馮奉世征羌，兵屯三處。

---

1. 周天游嘗據《通鑑考異》及《藝文類聚》詳考溫序范書本傳、《後漢紀》及《東觀記》之誤「護軍校尉」為「護羌校尉」，參周天游輯注《八家後漢書輯注》（上海：上海古籍出版社，1986），頁 495；《後漢紀校注》（天津：天津古籍出版社，1987），頁 141。今按：《搜神記》卷十六，溫序「任護軍校尉」（臺北：里仁書局景印新校本，頁 192），可證周考為是。

2. 三國吳宗室孫皎曾拜「護軍校尉，領眾二千餘人」。（《三國志》卷五十一，「宗室孫皎」條，中華書局點校本，頁 1206）此或有異於漢制。

典屬國為右軍，護軍都尉為前軍，奉世為中軍。傳謂「前軍到降同阪，先遣校尉在前與羌爭地利，又別遣校尉救民於廣陽谷。」（《漢書・馮奉世傳》）此二校尉皆屬護軍都尉之前軍無疑。唯奉世曾以護軍都尉為偏裨，領前軍，其所領是否即護軍各校，或另有增益？則無可考。

護軍為一類軍隊，更有一旁證。武帝時，出兵馬邑誘單于，以李廣為驍騎將軍，韓安國為護軍將軍（《史記・韓長孺列傳》）。依漢制，將軍名號多與所率軍隊類別有關。驍騎、輕車、材官皆為其例。將屯為漢常用語，指統率屯兵。《史記・傅靳蒯成列傳》：「陽陵侯傅寬……徙為代相國，將屯。」❸從而可知，韓安國名護軍將軍，所率雖不能確言全為護軍各校，然必當以護軍為主。

其次，護軍所職，有些全與監軍無關，似不宜僅從監軍角度論之。凡護軍因君命，隨將出征，為君主耳目者，可謂監軍。惜此類為君主耳目之護軍，全無自軍營向君主通報消息或代君主糾察前線將帥之實例可考。其隨侍君主，不從諸將行，又無以所部，從諸將行監察之實者，則難言為監軍。據可考例證，護軍反而多為君主或主帥之參謀與護衛。以護衛言，陳平典護軍，為漢王參乘，頗若漢王出巡時之衛隊長。其所部出而監護諸將，名義或為護衛諸將，實則不乏監視之

---

3. 將屯之意，詳參陳夢家，《漢簡綴述》（北京：中華書局，1980），頁 191。

意。在此，監視與護衛實為一事之兩面。

因職司護衛，護軍必為任命者之親信。陳平與漢王無淵源，然為漢王所親信。劉伯升及劉秀先後以朱祐為護軍，蓋因二人自少即與朱祐極親愛。《後漢書‧朱祐傳》謂劉秀討河北，「復以祐為護軍，常見親幸，舍止於中。」《東觀漢紀》則載劉秀少時在長安，「常與祐共買蜜合藥」，為親近夥伴。朱祐如為更始親信，遣以監伯升、劉秀軍，於理可通；如為伯升、劉秀親信，更始委以監軍之任，則難以解釋。再以光武用馬成為護軍都尉為例，馬成為南陽人，「世祖徇潁川，以成為安集掾，調守郟令。及世祖討河北，成即棄官步負，追及於蒲陽，以成為期門，從征伐，世祖即位，再遷護軍都尉」（《後漢書‧馬成傳》），從馬成追隨光武經過，即知任斯職者必為親信不可。

以參議謀言，漢王任陳平亦可為例。《漢書‧陳平傳》：「常以護軍中尉從擊⋯⋯凡六出奇計。」可見陳平常在漢王左右，參議謀，為智囊。此點廖文亦嘗略及。漢王用謁者隨何為護軍中尉，即因其能以計，使英布來歸，「足以計天下事」（《漢書‧黥布傳》）。另一例為周亞夫。景帝三年，吳楚反，太尉周亞夫率軍擊之。有趙涉者獻計，亞夫從其計，因免於中伏。亞夫「乃請涉為護軍」（《漢書‧周勃傳》）。從此可知，亞夫請涉為護軍，主要因涉善謀，請其常在左右，參與議謀。此事與景帝無涉，亦顯然與監軍無關。

以陳平與趙涉兩例而言，不論秦制如何，護軍一職自漢

初即不必然與監軍有關。從而即能解釋，為何前述胡建事，除護軍諸校，又有監軍御史（一稱監御史）。如護軍專司監軍，又何須監軍御史或監御史？趙充國和耿弇在前線曾有護軍與爭方略之例（各見本傳）。爭之不得，未見有奏報皇帝或事後彈劾之記載，與監軍使者之行事頗為不同（參見廖文）。因此所謂「護軍爭之」似並不足以為監軍之證據，只能證明護軍之參與謀議。大將軍霍光欲發兵擊匈奴，即問計於護軍都尉趙充國。《漢書・匈奴傳上》護軍之參謀議，於班固例亦至為明確。《後漢書・班彪傳》謂：「大將軍竇憲出征匈奴，以固為中護軍，與參議」；《書鈔》六十四引《華嶠書》作「大將軍竇憲拜班固為中護軍，與參謀議。」

再者，護軍因職司護衛，所領往往為君主或將帥之親隨精銳。其都尉雖屬偏裨，因統精銳，隨戰況之需，往往擔任方面，甚或獨為前鋒。如前述馮奉世征羌，至隴西分屯三處，以護軍都尉為前軍，「在前與羌爭地利。」 這是以護軍為前鋒。另如吳漢伐蜀，公孫述自將出戰，「漢使護軍高午、唐邯將數萬銳卒擊之。述兵敗走。高午奔陳刺述，殺之。」（《後漢書・吳漢傳》）這是以護軍精銳為正面主力。

武帝時，衛青與霍去病征匈奴，「所將常選」，亦即所將為經挑選之銳卒。這些銳卒很可能有部分即屬大將軍護軍。如貳師將軍擊匈奴，「欲深入要功，遂北至郅居水上。虜已去，貳師遣護軍將二萬騎度郅居之水。一日，逢左賢王左大將，將二萬騎與漢軍合戰一日，漢軍殺左大將，虜死傷甚

眾。」(《漢書‧匈奴傳上》)此二萬騎可想必甚精銳。護軍之兵
固為精銳,護軍之官長亦多有勇能謀。前述劉伯升及劉秀之
護軍朱祐,從征河北,「常力戰陷陳」,亦為一例。護軍任作
戰主力,還有一例,即護軍將軍韓安國統護軍伏馬邑,諸將
皆屬之。護軍人數不必最多,此役其為主力之一,無可疑。
韓安國為主將,亦非偏裨。此點廖文亦曾舉他例明之,不再
多贅。

　　兩漢制度依〈百官公卿表〉與〈百官志〉雖可見其大體,
其間名號與職司之變多有超乎表、志而難明者。以護軍而言,
其職掌、任命、名號、統屬即迭有變異,實難言何者合乎制
度,何者又非制度。制度因人而轉,難以一概而論。護軍在
秦或職監軍,但因劉邦曾以陳平隨護左右,典護軍,參謀議,
其護衛參謀之任或竟而轉重。元狩四年,護軍都尉屬大司馬,
蓋因其時大司馬衛青與霍去病常領軍在外征戰,安全有慮,
宜有衛隊親隨左右,遂以直屬皇帝之護軍都尉轉屬大司馬,
亦有以尊崇之也。既屬大司馬,依漢主官自署幕僚慣例,護
軍從此由大司馬署任,失去為皇帝監軍之作用。王莽末,東
漢初,竇融以王隆為左護軍(《後漢書‧文苑傳》),竇憲以班固
為中護軍(《後漢書‧竇融傳》),皆承自署幕僚之制而來,非無
制度。廖文謂從西漢末,東漢初之例,「甚難看出護軍及護軍
都尉有監軍之任務」(頁114),蓋其所司早已轉變,自然無由
看出。護軍之質既變,為控制軍隊,遂有必要另遣監軍,監
軍使者之首見於武帝時,即不難理解。

　　以上論兩漢護軍任護衛，與議謀，則魏晉以降中護軍典禁軍，主武選之制度淵源即可略見。前引〈胡建傳〉謂北軍選士馬日，護軍諸校與監御史列坐堂皇上。北軍為西漢京師禁衛軍之一部，依勞榦、賀昌群諸氏研究，掌於中尉❹。然其兵馬擇選，則在護軍諸校。監軍御史亦在堂皇上，蓋代皇帝行監督，主其事者實為護軍之官長。胡建事，《漢書》謂在武帝天漢中，《新序・指武》謂在昭帝時，難定孰是。然此事或即曹魏以護軍將軍主選武官之權輿。《晉書・職官志》：「魏武為相，以韓浩為護軍，史渙為領軍，非漢官也。建安十二年，改護軍為中護軍，領軍為中領軍，置長史、司馬。魏初，因置護軍將軍，主武官選」。晉武帝泰始七年以羊琇為中護軍詔謂：「中護軍與中領軍皆掌禁兵，職典武選，宜得堪幹其事者」云云（《北堂書鈔》卷六十四，《全晉文》卷三，頁 9 上下）。又《魏志・夏侯惇傳》：「（韓）浩至中護軍，（史）渙至中領軍，皆掌禁兵。」韓、史二人皆曹操初起兵，得信任之親隨。其得信任又與二人參議謀，監諸將有關。《魏志》裴注引《魏書》曰：「時大議損益，浩以為當急田，太祖善之，遷護軍」，又謂太祖初起，史渙「以客從，行中軍校尉，從征伐，常監諸將，見親信，轉拜中領軍」。以親信典禁衛兵，任護衛，主武選，內參謀議，外監諸將，魏晉中護軍、中領軍所司，其

---

4. 賀昌群，〈漢初之南北軍〉，《中國社會經濟史集刊》5:1 (1937)，頁 75–84；勞榦，〈論漢代的衛尉與中尉——兼論南北軍制度〉，《中央研究院歷史語言研究所集刊》29 本下 (1958)，頁 445–459。

淵源於漢之護軍,線索可謂至明。《晉書‧職官志》謂魏武護軍、領軍「非漢官」,蓋粗略並言二職。領軍非漢官,是;護軍,實漢官也。

原刊《大陸雜誌》第 82 卷 3 期,1991 年 3 月,頁 112–113,
2008 年 2 月 10 日改訂。

奧古斯都的繼承者與禁衛軍

　　奧古斯都為了維持「共和」的外衣，面對一個最困難的問題就是繼承。他私心希望將帝國交給自己家族的成員，傳承下去，可是如果像一般君王公然指定太子或王儲，即不可避免戳破那層薄薄的共和外衣；如果不能正式指定繼承者，又如何能確保江山不落入他人之手？

　　奧古斯都面對繼承的另一個難題是他沒有兒子，只有一個女兒裘利亞。就這一點而言，他不幸，也是幸運之處。說他不幸，是從純王朝繼承的觀點看，他沒有親生子可以繼承帝位；從他的現實處境看，他反而因此避開了任命親生子為繼承人的尷尬，不致公然違反「共和」的傳統。

　　奧古斯都除了表面上要不違背「共和」，要巧妙地將帝國交給自己屬意的人，還須小心防範軍人對權力轉移的干涉。他在內戰中靠武力得天下，深知軍隊的危險性。如不能有效控制軍隊，他死後，繼承者是否能順利接班，仍然充滿變數。為了帝國防衛和繼承的安全，奧古斯都費盡心思使軍隊遠離政權的核心區——羅馬。他大量縮編軍隊，並將縮編後所有的羅馬軍團調駐到義大利以外的帝國邊區。羅馬只剩保衛皇帝的禁衛軍。但他小心翼翼地將他們駐紮在羅馬城外。如此，一方面表示維護共和時代軍人不得入城的傳統，一方面也希望盡可能減少軍人干政的機會。

　　除了消極防範，奧古斯都生前更積極利用賦予繼承人實際權力，領養養子以及婚姻，建立自己和繼承者之間的家族關係，以達到權力逐漸轉移和「暗示」繼承人的目的。

　　奧古斯都將女兒裘利亞先後嫁給馬奇勒士（Marcellus，西元前25年）、阿格瑞帕（Agippa，西元前21年）和臺伯留斯（Tiberius，西元前12年）三人。馬奇勒士是奧古斯都妹妹奧克塔維亞之子。不幸馬奇勒士和裘利亞婚後無子，而且馬奇勒士婚後兩年即病死。西元前21年，奧古斯都將裘利亞再嫁給幫他贏得天下的大將阿格瑞帕。他們生下二子盧奇烏斯(Lucius)和蓋烏斯(Gaius)。奧古斯都立刻領養這兩子作為自己的養子。奧古斯都的領養行動，表明他企圖將權位留給裘利家族的成員。可是二子年齡尚幼，必須有人監護輔佐，最理想的監護人自然是他們的親生父親阿格瑞帕。可是阿格瑞帕於西元前12年去世。奧古斯都不得已又將裘利亞下嫁給出身克勞底家族(Claudian family)的臺伯留斯。臺伯留斯是一位戰功顯赫，資望皆深的將軍。一時之間，臺伯留斯似乎將成為奧古斯都的繼承人，實際上奧古斯都仍然希望逐漸成長中的盧奇烏斯和蓋烏斯能夠繼承，他不過是要臺伯留斯代替阿格瑞帕，擔任二養子的監護人而已。

　　沒想到兩個養子成年之後，卻於西元2年、4年相繼逝世。這對當時已六十五歲高齡的奧古斯都打擊極為沉重。他被迫於西元4年認養臺伯留斯為養子，並開始讓他和自己分享羅馬最高的權力。西元12年，他允許臺伯留斯在羅馬舉行

凱旋式，以慶祝他在日耳曼的戰功。13 年又讓臺伯留斯擁有和自己相等的資深執政之權 (proconsular imperium)，並延長他保民官的權力 (tribunician potestas)。

西元 14 年 8 月 19 日，奧古斯都病逝。臺伯留斯在禁衛軍的支持下，獲得元老院的認可，順利繼承了奧古斯都留下的帝國。然而就在奧古斯都死後，日耳曼和帕農尼亞兩省的軍團幾乎立刻發生叛變。他們企圖擁立他們的統帥格馬尼庫斯 (Germanicus) 為皇帝。格馬尼庫斯是臺伯留斯弟弟德盧蘇斯 (Drusus) 之子，深得軍心。如果不是格馬尼庫斯未為所動，並將叛亂敉平，內戰即幾乎不可避免。

臺伯留斯的繼承為以後的羅馬皇位繼承立下了許多先例：第一，透過領養和掌握實權的方式，確立繼承人的地位。第二，禁衛軍的支持幾乎成為繼承人順利繼承的一個必要條件。第三，繼位的皇帝必須得到元老院的認可，也就是說在形式上，元老院仍代表羅馬主權。

奧古斯都之後的兩百年內（西元 14～217 年），羅馬共有二十三位皇帝。其中真正有父子關係的有七位 (Vespasian, Titus, Domitian, Marcus Aurelius, Commodus, Septimius Severus, Caracalla)，有養父養子關係的有六位 (Tiberius, Nero, Nerva, Trajan, Hadrian, Antoninus Pius)，其餘則既非父子，亦非養父子，全仗軍隊奪取帝位。在尼祿皇帝（54～68 年在位）以前，操縱帝位繼承的軍隊是禁衛軍；尼祿之後，各地的軍團開始紛紛擁立自己所屬意的皇帝，帝國沒有能逃過由軍人宰制的命運。

　　總之，從奧古斯都以後的皇帝繼承，除了要有和前任皇帝真或假的家族關係之外，最重要的就是能獲得軍隊的支持。從三世紀以後的皇帝更無一不是由軍隊擁立。因繼承而引起的內戰，層出不窮。奧古斯都原欲防止軍人干政的理想，從臺伯留斯開始即被粉碎。以下簡略敘述一下這兩百年內，軍隊和政局的關係以及一些主要皇帝的事蹟。

臺伯留斯和卡里古拉

　　臺伯留斯（14～37年在位）繼位時，已是一位心力憔悴五十六歲的老人。他在位之時，根據奧古斯都的遺訓，停止了帝國的擴張行動。在內政上，他將政治託付給禁衛軍的總管色迦祿斯 (Sejanus)。西元23年，他允許原駐守在羅馬城外的禁衛軍入城駐紮。26年以後臺伯留斯厭倦了帝王生活，更畏懼羅馬內外各式各樣的陰謀，隱居於那不勒斯外海卡布瑞島 (Capreae, Capri) 上。從此臺伯留斯沒有再回到羅馬。所有的軍事和行政大權都落入色迦祿斯之手。

　　臺伯留斯原有一位姪兒格馬尼庫斯，一位親生子小德盧蘇斯 (Drusus the Younger)，有可能繼承帝位。但是二人先後於西元19年和23年病逝。色迦祿斯大權在握，陰謀奪取帝位。西元31年，色迦祿斯與臺伯留斯同為執政，臺伯留斯並已答應將小德盧蘇斯的寡妻嫁他，使色迦祿斯成為皇族的一員。就在此時，臺伯留斯得悉色迦祿斯居然陰謀篡奪，斷然先下手將色迦祿斯誘殺。

　　色迦祿斯死後，臺伯留斯心灰意冷，隱居卡布瑞島上，無心解決繼承問題。最後當臺伯留斯死時，完全由禁衛軍作主，擁立當時伴隨臺伯留斯隱居島上格馬尼庫斯的幼子卡里古拉 (Caligula)。卡里古拉本名蓋烏斯 (Gaius)，卡里古拉是他的外號。其父格馬尼庫斯深得軍心，因他出生軍中，幼小時在軍中常著軍服，因得「小軍靴」之號（Caligula 一字源自 Caliga，軍靴之謂）。

　　卡里古拉（37～41 年在位）繼位時只有二十五歲，是一位少不更事的少年，殘酷，精神不穩定，幻想自己是神，曾將奧林匹亞丘比特石雕神像的頭部切下，代之以自己的頭像，並為自己建神廟 (Suetonius, *Caligula*, XXII. 1–2)。他厭煩共和的外衣，無心維持和元老院良好的關係，宣稱希望擁有專制君王一般的權力。他在位期間，企圖暗殺他的陰謀，此起彼落，41 年終被禁衛軍所殺。

克勞底烏斯

　　克勞底烏斯（Claudius，41～54 年在位）是卡里古拉的叔父，被禁衛軍擁上皇位時已五十一歲。他是一位歪頭跛腳的殘廢，但是因為他是當時裘利－克勞底家族唯一尚存的男性，又是格馬尼庫斯的兄弟，因而受到軍人歡迎而被擁立。

　　他雖然殘廢，卻是一位較有作為的皇帝。43 年他繼續凱撒未完的事業，征服了不列顛，化不列顛為羅馬帝國的一省，並將北非的茅利塔尼亞 (Mauretania) 和希臘半島北部的塞雷

斯 (Thrace) 兩附庸國也改為羅馬的行省。此外，他十分注意司法，擴大公民權，允許羅馬化較深的省分——例如高盧——可以有代表進入元老院。

克勞底烏斯的婚姻生活十分痛苦。西元 48 年，他的妻子米沙尼娜 (Messalina) 與情夫陰謀殺害他，不果而死，留下一個孩子不列顛尼庫斯 (Britannicus)。同年，克勞底烏斯和自己的姪女阿格瑞皮娜 (Agrippina) 結婚。阿格瑞皮娜已婚兩次，這是第三次再嫁，為克勞底烏斯帶來一位前夫之子，也就是後來的尼祿 (Nero) 皇帝。

阿格瑞皮娜是一位極幹練和富於野心的女人。她運用種種方式使克勞底烏斯認領尼祿為養子，為自己的兒子繼承帝位而鋪路，並努力排擠克勞底烏斯的親生子不列顛尼庫斯。更重要的是她收買了禁衛軍，以自己的黨羽出任禁衛軍總管。54 年，克勞底烏斯後悔認養尼祿為養子，有意以親生子為繼承人。阿格瑞皮娜乃先發制人，以毒菇毒殺克勞底烏斯，然後在禁衛軍的支持下，宣布尼祿繼承帝位。不列顛尼庫斯不久被殺。

尼祿和裴利——克勞底王朝的終結

到尼祿皇帝為止，禁衛軍在羅馬皇帝的繼承過程中扮演了舉足輕重的角色。奧古斯都將軍隊置於政治圈外的希望完全落空。每一位因禁衛軍得位的皇帝，在繼位之後都不得不以金錢或其他方式對禁衛軍大事回報。禁衛軍在羅馬，無須

冒著和蠻族作戰的危險，又可坐享富貴與大權，引起了駐紮在邊區各地軍團的不滿。他們終於在尼祿末年，爆發了叛亂，各自擁立自己屬意的皇帝。

尼祿是一位極富浪漫色彩的人。他即位之初，在母親阿格瑞皮娜和大哲學家兼老師——塞尼卡 (Seneca) 的指引下，政治還算上軌道。可是尼祿逐漸不耐母親的控制，59 年將母親暗殺。62 年，塞尼卡因牽扯在一件謀殺尼祿的陰謀中，也被迫自殺。從此尼祿陶醉在自己詩人和歌唱家的才華中，喜歡賽車、音樂、戲劇和放蕩無度的性生活。63 年，他和妻子奧克塔維亞 (Octavia) 離婚，將她殺害，又娶了朋友歐索 (Otho) 的前妻，當時出名的美人——波派亞 (Poppaea)。

西元 64 年，羅馬發生大火。他以基督徒為代罪羔羊，誣指基督徒為縱火者，加以迫害。後來的史家有不少人相信，這是尼祿自己放火，以便在羅馬建立他的新金宮 (Domus Aurea)。這種說法並沒有什麼根據。但尼祿的行為，無疑和羅馬傳統政治家的標準諸多不合。

西元 65 年，他為了證明自己作詩和歌唱的天才，親赴希臘參加奧林匹克競技會，登臺表演。桂冠獎賞當然非他莫屬。他高興之餘，下令免除希臘的賦稅，帶著詩人的桂冠，以凱旋式回到羅馬。尼祿所作所為引起保守的羅馬元老和軍人的不滿。據說尼祿因擔心對軍隊演講，損壞了他會歌唱的喉嚨，從來不巡視軍隊。根據羅馬的傳統，凱旋式只有在戰場上贏得勝利的將軍才能享有，尼祿卻以歌唱得獎，舉行凱旋式。

在軍人看來，這是對軍人的一種侮辱。因此禁衛軍開始蘊釀除掉尼祿，地方軍隊也呈現不穩。

西元 68 年，中高盧省 (Gallia Lugdunensis) 的總督溫弟克斯 (Vindex) 首先叛亂， 接著近西班牙省總督高爾巴 (Galba) 也率軍而叛。高爾巴和禁衛軍勾結，尼祿被迫自殺。據說尼祿自殺時，說的最後一句是「因我之死，世界將損失一位偉大的藝術家！」(Suetonius, *Nero*, XLIX. 1: "Qualis artifex pereo!") 尼祿一死，奧古斯都辛苦建立的裘利—克勞底家族王朝即隨之結束。

68 到 69 年，羅馬各地軍團爭相擁立皇帝。結果同時出現了四位皇帝：高爾巴由西班牙軍團支持，但他太嚴酷又太小氣，吝於付出允諾過的賞金，不久即被禁衛軍所殺；歐索收買了禁衛軍，在禁衛軍的支持下於羅馬稱帝；日耳曼軍團也不甘示弱，於 69 年擁立一位他們的將領魏德留斯 (Vitellius) 為帝；正在東方巴勒斯坦地區率領東方軍團平定猶太叛亂的韋斯巴息阿魯斯 (Vespasianus)，在東方軍團的擁立之下稱帝。魏德留斯率領驍勇善戰的日耳曼軍團，沿途燒殺至羅馬。禁衛軍完全不是對手——歐索被殺，禁衛軍被解散，魏德留斯以日耳曼軍團士兵重組禁衛軍。當時羅馬陷入一片混戰。

韋斯巴息阿魯斯有兩位能幹的兒子提突斯 (Titus) 和多米提阿魯斯 (Domitianus)。當時多米提阿魯斯在羅馬，韋斯巴息阿魯斯留下提突斯在猶大省，以便完成攻下耶路撒冷的任務。自己則率兵西指，以多米提阿魯斯為內應，將魏德留斯擊敗，結束了尼祿死後，諸帝爭立的內戰，建立了羅馬帝國史上所

謂的弗拉維安王朝 (The Flavian Dynasty)。韋斯巴息阿魯斯的勝利，象徵著從此以後決定羅馬政治的是軍人，而且是有各地軍團支持之軍人。禁衛軍雖未從此失去重要性，但帝位繼承由其獨霸的時代，從此過去。

弗拉維安王朝

　　韋斯巴息阿魯斯、提突斯和多米提阿魯斯相繼為帝，是羅馬帝國史上第一次出現子繼父，弟繼兄為帝的局面。這三人都是能幹的軍人。在軍事上，他們曾鞏固了帝國沿萊因河和多瑙河的防線，平定高盧和日耳曼部族的叛亂。70 年，提突斯攻下耶路撒冷，將猶太人的神廟夷為平地，然後在廢墟上建起一座羅馬丘比特神廟。

　　韋斯巴息阿魯斯在位十年（69～79 年），羅馬著名的弗拉維安劇場（Flavian Amphitheater，又稱之為 Colossueum）即由他自西元 72 年開始興建，由繼位的兒子提突斯完工。提突斯在位兩年即死（79～81 年）。在他即位約兩個月後，也就是 79 年 8 月 24 日，義大利中部的維蘇威火山 (Vesuvius) 爆發，埋沒了龐貝 (Pompeii) 和荷庫蘭尼 (Herculaneum) 等城鎮。有名的學者和軍人老普林尼 (Pliny the Elder) 從附近率艦隊前去營救，遇難而死。從十七、八世紀開始，這些城鎮的遺跡陸續被發現，從此成為考古家的樂園，發掘工作一直到今天仍在繼續。整座城市和出土文物成為後世瞭解羅馬帝國城鎮實態最豐富的寶庫。

　　多米提阿魯斯是一位心理極不平衡的人。在未登大位以

前，他妒恨哥哥提突斯稱帝。提突斯死後，他不顧共和外衣，總攬一切大權，夢想在軍事上求表現，而妒恨其他在軍事上有表現的將領。例如當時統治不列顛甚為成功的總督阿格瑞寇拉 (Agricola)，打算北征蘇格蘭高地，多米提阿魯斯因妒其才將他召回。多米提阿魯斯企圖征服在多瑙河北岸的達奇亞 (Dacia) 王國，卻遭頑抗，他一直無法贏得決定性的勝利。89 年發生一場日耳曼軍團叛亂。這位猜妒之心已重的皇帝，對他周圍的人更不能信任，無數的人因猜疑被殺。他的猜妒酷烈，造成人人自危。96 年，多米提阿魯斯終於被一個禁衛軍，包括多米提阿魯斯妻子在內的集團所殺。

多米提阿魯斯死後，弗拉維安家族即無人可以繼承。一位六十六歲曾任執政的元老——聶爾瓦 (Nerva) 被謀殺集團的人擁立為帝。但是聶爾瓦不能得到禁衛軍士兵的支持，因為謀殺多米提阿魯斯的行動是由禁衛軍的總管發動，但是禁衛軍總管沒有讓他手下的士兵參加，引起士兵不滿。多米提阿魯斯在世時對士兵十分慷慨大方，深得他們歡心。多米提阿魯斯一死，禁衛軍士兵要求懲兇。聶爾瓦被迫將刺殺多米提阿魯斯者交出，由禁衛軍士兵處死。聶爾瓦為了安定軍心，迫不及待認領當時一位深得軍隊愛戴，四十四歲的圖拉真 (Traianus, Trajan) 為養子。認領養子意謂指定繼承人。從此以後六十年，羅馬的皇帝碰巧都沒有自己的兒子，而都以養子的方式使得帝位延續下去，這也就是羅馬帝位繼承中所謂的養子制度。

圖拉真──擴大帝國至極限

圖拉真（98～117 年在位）是羅馬帝國史上第一位出生於行省而非義大利的皇帝。他成為皇帝，象徵著帝國行省在羅馬政治上具有越來越重要的地位。羅馬人在征服地中海世界之後，始終以征服者自居。他們不願意將羅馬公民權開放給帝國之內所有的人。奧古斯都時代，羅馬帝國大約有五至七千萬人口，公民只有五百至六百萬。這五、六百萬的公民又有四、五百萬集中在義大利和羅馬。義大利和羅馬的公民可以免繳土地稅、人頭稅，又可以享有免費的穀物以及其他的特權。羅馬人認為這是征服者應享的特權。帝國龐大的財政負擔都由被征服，沒有公民權的行省人民去負擔。

羅馬帝國的皇帝過去一概由出生義大利和元老階級的人出任。韋斯巴息阿魯斯是第一個出生比較低賤的皇帝。他父親是出生騎士階級的稅吏，母親的兄弟卻是元老。圖拉真則是西班牙出生十足的「鄉巴佬」。他父親是一位到西班牙去殖民的羅馬人，母親是土生的西班牙人。這位鄉巴佬卻是羅馬史上所謂「五位好皇帝」（five good emperors）中最有成就的一位。他在軍事、內政各方面都有極突出的表現。

內政上，他是少數能同時和元老院、軍隊維持良好關係的皇帝。過去的皇帝例如多米提阿魯斯、尼祿，為滿足軍隊的需要，常不惜以各種手段沒收有錢人的財產，受害者以元老最多。圖拉真頗能尊重元老和元老院，以贏得他們在內政

上的合作。他以較開明的辦法，減輕行省在財稅上的負擔，
更在羅馬首創救濟貧窮兒童的福利制度 (alimenta)。羅馬帝國
的人口，尤其是義大利的人口，不但沒有隨帝國的和平安定
而增加，反而日見減少。減少的原因至今不能明瞭。人口減
少的一個危機是兵源減少。圖拉真的貧童救濟制度，即以鼓
勵生育，增加人口為目的。此外，他還進行大規模的公共建
設。其中最有名的是圖拉真的紀功柱 (Trajan's Column)。此柱
完成於 113 年，高約三十餘公尺。柱面有螺旋形的浮雕，描
寫圖拉真在多瑙河擊敗達奇亞人的戰爭 (Dacian War) 勝利。

　　軍事上，他是將羅馬帝國的疆域擴張到最大極限的皇帝。
101～106 年，他征服了多米提阿魯斯企圖征服而未能征服，
在多瑙河北岸的達奇亞。並從達奇亞獲得大量的金銀礦，增
加了羅馬的財富。但達奇亞不易防守，從此以後羅馬的主要
外患從萊因河轉移到達奇亞所在的多瑙河。114 年，他又征
服了阿美尼亞 (Armenia)，更進而征服整個兩河流域地區，攻
占安息的冬都帖希楓 (Ctesiphon)。 115 年 ，圖拉真進兵波斯
灣，這是羅馬皇帝東征的最東極致。許多羅馬皇帝都想模仿
亞歷山大東征波斯。圖拉真有此野心，可惜年歲已大，身體
欠佳。據說，他曾遺憾地說 「如果我還年輕，就打到印度
去！」(Dio, LXVIII. 29.1) 他征服了這麼多新的土地，還來不及
做有效的控制即病逝。在他未死之前，猶太人爆發叛變，新
征服的地區也叛變四起。

　　圖拉真患有高血壓，116 年中風癱瘓，117 年逝世。因為

軍事和內政上的成就，他贏得了「最佳第一公民」(Optimus Princeps) 的美號。奈何他沒有兒子。他死前，據說曾認養在戰爭中最得力的助手哈德良 (Hadrianus, Hadrian) 為養子。結果哈德良繼位為帝。

哈德良（117～138 年在位）也是一位來自西班牙的皇帝。他繼位後，立即決定放棄圖拉真已經征服的土地。因為他發現羅馬無力防守這些地區。羅馬的東疆又退回到幼發拉底河以西。這使得傳統上以征服為光榮的元老院，對哈德良甚為不滿，陰謀刺殺他，但失敗。

哈德良在位二十一年，其中有一半以上的時間不在羅馬，而在帝國各地巡視軍隊，加強帝國的防務及軍隊的訓練。他對帝國有不同於傳統的看法。最重要的是他不再將帝國行省看作被征服的土地，而看成是帝國構成全體且平等的一部分。他不再像過去總是壓榨各省，以供應羅馬和義大利征服者的需要，而開始對帝國各省有一份普遍的關懷。因此，他將一半以上的時間花在改善各省內政和軍事的工作上。他除了重用法學家，改革司法，最為人知的貢獻是 122～126 年間，在今天英國北部和蘇格蘭地區修築了一條長 120 公里（75 哩）的哈德良長城 (Hadrian's Wall)。長城為土造，後來東段改為石建。沿線有碉堡和軍隊駐防，其目的在防止蠻族入侵並徵收貿易關稅。這座長城的基礎，迄今仍大致完整保留。

哈德良無子，認領一位出生在高盧南部的部將安東尼魯斯 (Antoninus) 為養子。安東尼魯斯繼位時已五十一歲（138～

161 年在位)。他雖在位二十三年之久，因史料極缺，後世對他知之甚少。只知在他統治期間，又恢復了與元老院良好的關係。他最顯著的成就是將在英國的防線，從哈德良長城向北推進，141 年新修了一條長達 63 公里左右，一部分以石塊為基礎，以土為牆、牆外有壕溝的新長城，稱之為安東尼長城 (Antonine Wall)。這一長城除少許基礎，今已不存。

採自未刊稿《歐羅巴文明的童年》。

圖片出處

「圖像與歷史研究」之孫悟空篇

圖 1　http://www.dailygalaxy.com

圖 2.1　黃明蘭、郭引強，《洛陽漢墓壁畫》，文物出版社，1996

圖 2.2　孫機，《中國古輿服論叢》（增訂本），文物出版社，2001

圖 3.1　俄軍主編，《甘肅省博物館文物精品圖集》，三秦出版社，2006

圖 3.2　徐光冀主編，《中國出土壁畫全集》5，科學出版社，2011

圖 4　2012 年作者攝於山東微山縣文管所

圖 5　《中國時報》，2012

圖 6　《商業周刊》，2008

圖 7　《商業周刊》，2008

圖 8　2008 年作者攝於南京博物院

圖 9.1–2　2011 年作者攝於西安碑林

圖 10.1–2　2012 年作者攝於太原寶晉會館

圖 10.3　2012 年侯旭東攝於廣州廣東美術館，謹誌感謝

圖 11　小松茂美編，《日本繪卷大成》27，中央公論社，1978，頁269

圖 12　小松茂美編，《日本繪卷大成》18，「滋賀石山寺緣起」繪卷第十七紙，中央公論社，1978，頁 63

圖 13.1–3　http://www.youshuhua.com/index.php?a=show&m=Workds&id=4224

圖 13.4　徐光冀主編，《中國出土壁畫全集》3，科學出版社，2011

圖 14.1–3　2011 年作者攝於陝西歷史博物館

圖 15.1–2　《永城黃土山與酇城漢墓》，大象出版社，2010，彩版三

四、三五

圖 16　大阪府立近つ飛鳥博物館,《シルクロードのまもり》,1994,
　　　　圖 38

圖 17　《密縣打虎亭漢墓》,文物出版社,1993,圖 78

圖 18　《中國畫像石全集》7,圖 43

圖 19　《中國畫像石全集》7,圖 146

圖 20　《壁上丹青——陝西出土壁畫集》,科學出版社,2009,頁
　　　　125

圖 21.1　關野雄,《半瓦當の研究》,岩波書店,1952,圖 34

圖 21.2　傅嘉儀,《中國瓦當藝術》,上海書店,2002,圖 1321

圖 22.1　《大黃河文明の流れ－山東省文物展》,日本山口縣西武美
　　　　　術館,1986,頁 107,圖 61

圖 22.2　E. Bunker, *Nomadic Art of the Eastern Eurasian Steppes*, New
　　　　　York: Metropolitan Museum of Art, 2002, p. 146, no. 122

圖 23.1–2　陝西省考古研究所,《塔兒坡秦墓》,三秦出版社,1998

圖 24.1–2　A. Salmony, *Sino-Siberian Art in the Collection of C. T. Loo*,
　　　　　　Paris: C. T. Loo, 1933, plates 35.7, 35.9

圖 25　俄軍主編,《甘肅省博物館文物精品圖集》,三秦出版社,
　　　　2006

圖 26　國家文物局編,《2006 中國重要考古發現》,文物出版社,
　　　　2007,頁 95

圖 27　《南陽漢代畫像磚》,文物出版社,1990,圖 91

圖 28.1–2　1998 年 8 月 29 日顏娟英攝,謹誌感謝

圖 29　2011 年作者攝於徐州漢代石刻藝術博物館

圖 30　《長沙馬王堆二、三號墓》,文物出版社,2004

圖 31　《漢代文物大展》,藝術家出版社,1999,圖 56

圖 32　2014 年 7 月 21 日作者攝於忻州九原崗北齊墓出土地

圖 33　2012 年作者攝於河南博物院

圖 34　賀西林、李清泉,《中國墓室壁畫中》,高等教育出版社,
　　　　2009,圖 3–14

圖 35　2011 年作者攝於陝西省歷史博物館

圖 36　http://www.artworld.cn/a/Collecdtion/cnart/ws/2012/0622/13993.
　　　　html

圖 37　江西省博物館,《江西省博物館文物精華》,文物出版社,
　　　　2007

圖 38.1–2　2012 年作者攝於山西五台山南禪寺

圖 39.1–4　2011 年作者攝於西安碑林、西安書院門、西安戲曲研究
　　　　　院

圖 40.1　陝西省考古研究所,《西安北郊秦墓》,三秦出版社,2006,
　　　　彩版一

圖 40.2　V. Schlitz, *Les Scythes et les nomads des steppes*, Gallimard,
　　　　1994, p. 252

圖 41.1–2　法國畢梅雪 (Mechèle Pirazzsoli-t'Serstevens) 教授提供照
　　　　　片及局部,謹誌感謝

圖 42　《中國陵墓雕刻全集》西漢,陝西人民出版社,2009

圖 43　池紅主編,《南昌漢代海昏侯國考古專輯》,江西畫報社,
　　　　2016

圖 44.1–2　《大漢楚王——徐州西漢楚王陵墓文物輯萃》,中國社會
　　　　　科學出版社,2005

圖 44.3–4　《世界美術大全集》東洋編第 2 卷,小學館,1998

圖 45　《鄂爾多斯式青銅器》,文物出版社,1986

圖 46.1–2　朋友提供摹本照片,謹誌感謝

圖 47　2004 年作者攝於河南博物院

圖 48　《考古與文物》2007 第 2 期

圖 49　2011 年作者攝於山東滕州漢畫像石館

圖 50　《考古》2007 第 3 期

圖 51　《中國畫像磚全集》河南畫像磚，四川美術出版社，2006

圖 52.1–3　2012 年 4 月 9 日北京大學某同學提供，謹誌感謝

圖 53　採自網路，網站已移除

圖 54　http://lcm8b2b.hc360.com/supply/113869858.html

附圖甲～丙　祁小山、王博編著，《絲綢之路——新疆古代文化
　　　　　　（續）》，烏魯木齊：新疆人民美術出版社，2016。

附圖丁　甘肅文物考古研究所編，《酒泉十六國墓壁畫》，文物出版
　　　　社，1989

附圖戊　徐光冀主編，《中國出土壁畫全集》2，科學出版社，2012

附圖己　王志杰，《茂陵文物鑒賞圖誌》，三秦出版社，2012

想像中的「胡人」——從左衽孔子説起

圖 1　《曲阜旅遊大觀》，山東畫報出版社，1999，頁 17

圖 2　傅舉有、陳松長，《馬王堆漢墓文物》，湖南出版社，1992

圖 3　包華石 (Martin Powers) 攝贈，謹誌感謝

圖 4　法藏拓片影本，趙超贈，謹誌感謝

圖 5　http://www.cqn.com.cn/news/xfpd/szcj/dflb/372765.html

圖 6　http://app.fortunechina.com/blog/wwy0925/archives/452

圖 7.1　王輝提供照片，謹誌感謝

圖 7.2–3　《文物》2008 第 9 期、2009 第 10 期封面

圖 8.1　中國歷史博物館、內蒙古自治區文化廳，《契丹王朝——內蒙
　　　　古遼代文物精華》，中國藏學出版社，2002

圖 8.2　河北省文物研究所，《宣化遼墓壁畫》，文物出版社，2001

圖 8.3　中國歷史博物館、內蒙古自治區文化廳，《契丹王朝——內蒙
　　　　古遼代文物精華》，中國藏學出版社，2002

圖 9　《文物》1994 第 10 期

圖 10　《文物》1989 第 10 期

圖 11　中國歷史博物館、內蒙古自治區文化廳，《契丹王朝——內蒙

　　　古遼代文物精華》，中國藏學出版社，2002

圖 12.1–4　《考古》2009 第 12 期

圖 13　賀西林、李清泉，《中國墓室壁畫史》，高等教育出版社，2009

圖 14.1–3　河北省文物研究所，《河北古代墓葬壁畫》，文物出版社，2000

圖 15　賀西林、李清泉，《中國墓室壁畫史》，高等教育出版社，2009

圖 16　賀西林、李清泉，《中國墓室壁畫史》，高等教育出版社，2009

圖 17.1　臺北故宮博物院藏

圖 17.2　臺北故宮博物院藏

圖 17.3　北京故宮博物院藏，《雍正——清世宗文物大展》，國立故宮博物院，2009

圖 18　徐光冀主編，《中國出土壁畫全集》9，科學出版社，2012

圖 19.1–3　國家文物局，《2005 中國重要考古發現》，文物出版社，2006

圖 20.1–3　寧夏回族自治區固原博物館、中日原州聯合考古隊，《原州古墓集成》，文物出版社，1999

圖 21　河北省文物研究所，《河北古代墓葬壁畫》，文物出版社，2000

圖 22.1–2　《文物》1983 第 10 期

圖 23.1　2004 年作者攝於山西太原徐顯秀墓

圖 23.2–4　太原市文物考古研究所，《北齊徐顯秀墓》，文物出版社，2005

圖 24　賀西林、李清泉，《中國墓室壁畫史》，高等教育出版社，2009

圖 25.1–2　國家文物局，《2000 中國重要考古發現》，文物出版社，2001

圖 26　賀西林、李清泉，《中國墓室壁畫史》，高等教育出版社，2009

圖 27　山西省考古研究所等，《太原隋虞弘墓》，文物出版社，2005

圖 28.1　《世界美術大全集》東洋編第 2 卷，小學館，1998

圖 28.2　Viachevslav Yu Murzin, "Les Scythes en Ukraine," *Les Dossiers d'Archéologie*, 266 (2001), p. 59

圖 29　黃明蘭、郭引強，《洛陽漢墓壁畫》，文物出版社，1996

圖 30　王炳華提供照片，謹誌感謝

圖 31　新疆文物考古研究所，〈尼雅 95 一號墓地 3 號墓發掘報告〉，《新疆文物》1999 第 2 期

圖 32.1–4　《文物》2010 第 5 期

圖 33.1　寧夏回族自治區固原博物館、中日原州聯合考古隊，《原州古墓集成》，文物出版社，1999

圖 33.2–3　賀西林、李清泉，《中國墓室壁畫史》，高等教育出版社，2009

圖 33.4　《文物》2011 第 12 期

圖 34.1　《中國敦煌壁畫全集》1，圖 4

圖 34.2　《中國敦煌壁畫全集》2，圖 157

圖 34.3　河北省文物研究所，《河北古代墓葬壁畫》，文物出版社，2000

圖 34.4–5　《中國敦煌壁畫全集》2，圖 216、217

圖 34.6　河北省文物研究所，《河北古代墓葬壁畫》，文物出版社，2000

圖 34.7–9　寧夏回族自治區固原博物館、中日原州聯合考古隊，《原州古墓集成》，文物出版社，1999

圖 35.1–2　寧夏回族自治區固原博物館、中日原州聯合考古隊，《原州古墓集成》，文物出版社，1999

圖 35.3　沈從文，《中國古代服飾研究》，香港商務印書館，1992

圖 35.4　《五代王處直墓》，文物出版社，1998

圖 35.5　河北省文物研究所，《河北古代墓葬壁畫》，文物出版社，
　　　　2000

圖 35.6　河北省文物研究所，《河北古代墓葬壁畫》，文物出版社，
　　　　2000

圖 36　http://img15.artxun.com/sdc.oldimg.ae1f/ae1ff3f0421b490ec420a
　　　　b49adc72797.jpg

圖 37.1–2　禮縣博物館，《秦西垂陵區》，文物出版社，2004

圖 38　徐秉琨、孫守道編，《東北文化》，香港商務印書館，1996

圖 39.1–3　2004 年作者攝於茂陵霍去病墓

圖 40.1–3　V. Schlitz, *Les Scythes et les nomads des steppes*, Gallimard,
　　　　1994

圖 41　（左端）　V. Schlitz, *Les Scythes et les nomads des steppes*,
　　　　Gallimard, 1994, p. 367, plate 274; （右端摹本）　Elis H. Minns,
　　　　Scythians and Greeks, p. 59, fig. 12

圖 42.1　關野雄，《半瓦當の研究》，岩波書店，1952，頁 25、73、
　　　　圖版 VII. 19

圖 42.2　作者摹本

圖 42.3　安立華編，《齊國瓦當藝術》，人民美術出版社，1998，圖
　　　　54

圖 43.1–2　楊建東贈拓本，謹誌感謝

圖 44　W. C. White, *Tomb Tile Pictures of Ancient China*, The
　　　　University of Toronto Press, 1939, plates 2, 3

圖 45.1–2　1992 年作者攝於山東石刻藝術博物館

圖 46.1–2　《文物》2005 第 7 期

圖 47　韓偉、王煒林編，《陝西神木大保當漢彩繪畫像石》，重慶出
　　　　版社，2000，圖 21、22 局部合併

圖 48　國家文物局編，《2002 中國重要考古發現》，文物出版社，
　　　　2003

圖 49.1–2　V. Schlitz, *Les Scythes et les nomads des steppes*, Gallimard, 1994

圖 50.1　S. Haynes, *Etruscan Bronze Utensils*, British Museum Publication, 1974

圖 50.2　作者線描圖

圖 50.3　2005 年作者攝於大英圖書館

圖 50.4　作者線描圖

圖 51　馬承源、岳峰編,《絲路考古珍品》,上海譯文出版社,1998

圖 52　馬承源、岳峰編,《絲路考古珍品》,上海譯文出版社,1998

圖 53　J. M. Rosenfield, *The Dynastic Arts of the Kushans*, plate XV, no. 281

圖 54　江上波夫,《ユウラシア古代北方文化》,山川出版社,1950 再版,圖版四。作者摹本

圖 55　V. Schlitz, *Les Scythes et les nomads des steppes*, Gallimard, 1994

圖 56.1–2　梅原末治,《蒙古ノイン・ウラ發見の遺物》,圖版 LI、LII

圖 57　《鄂爾多斯式青銅器》,文物出版社,1986,圖版一(1)

圖 58　魏堅編,《內蒙古中南部漢代墓葬》,中國大百科全書出版社,1994,圖一三

圖 59.1–4　新疆博物館,《中國新疆山普拉》,新疆人民美術出版社,2001

圖 59.5–6　《文物》2007 第 10 期

圖 60.1–2　徐光冀主編,《中國出土壁畫全集》9,科學出版社,2012

希臘大力士流浪到中國?

圖 1　*National Geographic* 地圖局部

圖 2.1　陝西歷史博物館,《三秦瑰寶——陝西新發現文物精華》,陝

西人民出版社，2001

圖 2.2–3　謝明良提供照片，謹誌感謝

圖 3　2004 年作者攝於上海博物館

圖 4　河南博物院編，《河南古代陶塑藝術》，大象出版社，2005

圖 5　http://www.perseus.tufts.edu/Herakles/lion.html

圖 6　2005 年作者攝於大英博物館

圖 7　http://www.vroma.org/images/mcmanus_images/index5.html

圖 8.1–2　採自維基百科公共財圖片檔 http://www.en.wikipedia.org/
　　　　　（網址下同，不另注明）

圖 9.1–3　採自維基百科公共財圖片檔

圖 10　2005 年作者攝於大英博物館

圖 11　採自維基百科公共財圖片檔

圖 12　東京國立博物館，*Alexander the Great: East-West Cultural
　　　　Contacts from Greece to Japan*, 2003

圖 13　採自維基百科公共財圖片檔

圖 14　採自維基百科公共財圖片檔

圖 15　採自維基百科公共財圖片檔

圖 16　Johannes Kalter and M. Pavaloi, *Heirs to the Silk Road:
　　　　Uzbekistan*, 1997

圖 17　2012 年作者攝於上海博物館

圖 18　採自維基百科公共財圖片檔

圖 19　Donald H. Sanders ed., *Nemrud Dagi: The Hierothesion of
　　　　Antiochus I of Commagene*, vol. 2, Winoa Lake: Eisenbrauns,
　　　　1996, fig. 90

圖 20　採自維基百科公共財圖片檔

圖 21　採自維基百科公共財圖片檔

圖 22　E. Errington and J. Cribb eds., *The Crossroads of Asia*,
　　　　Cambridge, 1992

圖 23　E. Errington and J. Cribb eds., *The Crossroads of Asia*, Cambridge, 1992

圖 24　採自維基百科公共財圖片檔

圖 25.1　採自維基百科公共財圖片檔

圖 25.2　John Warry, *Warfare in the Classical World*, University of Oklahoma Press, 1986

圖 26　採自維基百科公共財圖片檔

圖 27　採自維基百科公共財圖片檔

圖 28　2001 年邢本元攝於威尼斯博物館

圖 29　http://www.getty.edu/art/collections/presentation/p42_111632_6.html

圖 30　Papyrus of Heracles, Oxyrhynchus Oxford Sackler Library, Pap.2331，採自維基百科公共財圖片檔

圖 31.1–2　青柳正規編，《世界美術大全集》西洋篇第 5 卷，小學館，1998

圖 32　青柳正規編，《世界美術大全集》 西洋篇第 5 卷，小學館，1998

圖 33　Frank Brommer, *Heracles: The Twelve Labors of the Hero in Ancient Art and Literature*, Aristides D. Caratzas, 1986

圖 34　Malcolm A. R. College, *The Parthians*, 1967

圖 35　John Rosenfield, *The Dynastic Arts of the Kushans*, New Delhi: Munshiram Manoharlal Publications, 1967, 1993, fig. 97b

圖 36　John Rosenfield, *The Dynastic Arts of the Kushans*, New Delhi: Munshiram Manoharlal Publications, 1967, 1993, fig. 126

圖 37　E. Errington and J. Cribb eds., *The Crossroads of Asia*, Cambridge, 1992, plate. 134

圖 38　栗田功編，《ガンダーラ美術 II：佛陀の世界》，二玄社，1990，頁 120，圖 323

圖 39　《世界美術大全集》東洋編第 16 卷，小學館，1998

圖 40　東京國立博物館，《シルクロード大美術展》，1996，圖版 173

圖 41　張德芳提供照片，謹誌感謝

圖 42　1995 年作者攝於克孜爾石窟

圖 43　《中國石窟‧克孜爾石窟》三，文物出版社，1997，圖 17–18

圖 44　《中國新疆壁畫全集》5，遼寧美術出版社、新疆美術攝影出版社，1995，圖 10

圖 45　東京國立博物館等，《ドイシ‧トウルフアン探險隊西域美術展》，朝日新聞社，1991，圖版 12

圖 46　採自維基百科公共財圖片檔

圖 47　採自維基百科公共財圖片檔

圖 48.1–2　《文物》2001 第 10 期

圖 49.1–2　《文物》2001 第 10 期

圖 50　2011 年作者攝於麥積山

圖 51　安陽市博物館，〈唐楊偘墓清理簡報〉，《文物資料叢刊》1982 第 6 期，圖版伍–1

圖 52　山西省文管會、山西省考古所，〈山西長治北石槽唐墓〉，《考古》1962 第 2 期，圖版捌–2

圖 53.1–2　李玉珉提供照片，謹誌感謝

圖 54　東京國立博物館，《シルクロード大美術展》，圖版 181

圖 55　《中國石窟‧安西榆林窟》，平凡社，1990，圖 4、6

圖 56　原圖見松本榮一，《敦煌畫の研究》附圖，東方文化學院東京研究所，1937，圖版 120 右

圖 57　松本榮一，《敦煌畫の研究》附圖，圖版 122a

圖 58　《中國石窟‧安西榆林窟》，圖 12、26

圖 59.1　《中國敦煌壁畫全集》9，天津人民出版社，2006

圖 59.2　敦煌研究院編，《敦煌壁畫線描百圖》，天津人民出版社，2006

圖 60.1　《中國敦煌壁畫全集》9，天津人民出版社，2006

圖 60.2　敦煌研究院編，《敦煌壁畫線描百圖》，天津人民出版社，2006

圖 61.1　《中國敦煌壁畫全集》9，天津人民出版社，2006

圖 61.2　《中國敦煌壁畫全集》9，天津人民出版社，2006

他山之石——古希臘陶片流放制與羅馬帝國禁衛軍

圖 1　谷歌地球 Google Earth 地圖

圖 2　《希臘古文明》，時報出版公司，2003，頁 56

圖 3　維基百科公共財圖片檔

圖 4　維基百科公共財圖片檔

圖 5　維基百科公共財圖片檔

圖 6　維基百科公共財圖片檔

圖 7.1–2　*The Athenian Citizen*, American School of Classical Studies at Athens, 1960

圖 7.3　維基百科公共財圖片檔

圖 8　維基百科公共財圖片檔

圖 9　維基百科公共財圖片檔

圖 10.1–3　http://www.agathe.gr/democracy/ostracism.html

圖 11.1–2　維基百科公共財圖片檔

圖 12.1–3　維基百科公共財圖片檔

圖 13　http://www.flickr.com/photos/andycarvin/5183537318/

圖 14.1　《簡牘名蹟選》1，二玄社，2009

圖 14.2　《簡牘名蹟選》12，二玄社，2009

圖 15.1–4　中央研究院歷史語言研究所藏居延漢簡紅外線檔

圖 15.5–8　汪濤等，《英國國家圖書館藏斯坦因所獲未刊漢文簡牘》，上海辭書出版社，2007

圖 16　http://twstudy.sinica.edu.tw/twstudy/land/BAR1.HTM

圖 17.1–2　湖北省博物館，《書寫歷史：戰國秦漢簡牘》，文物出版社，2007

圖 18.1–3　《簡牘名蹟選》7，二玄社，2009

圖 19　John Warry, *Warfare in the Classical World*, University of Oklahoma Press, 1995

圖 20　N. G. L. Hammond, *Atlas of the Greek and Roman World in Antiquity*, Noyes Press, 1981

圖 21.1–2　維基百科公共財圖片檔

圖 22　維基百科公共財圖片檔

圖 23　維基百科公共財圖片檔

圖 24　維基百科公共財圖片檔

圖 25　維基百科公共財圖片檔

圖 26　維基百科公共財圖片檔

圖 27　維基百科公共財圖片檔

圖 28　羅福頤，《秦漢魏晉南北朝官印徵存》，文物出版社，1987，印 220

圖 29　2011 年作者攝於陝西茂陵

圖 30　http://www.yac8.com/news/9169.html

附　錄

一、再論「中原製造」──歐亞草原古代金屬動物紋飾品的產銷與仿製

圖 1　Zhixin Jason Sun, *Age of Empires*, The Metropolitan Museum of Art, New York, 2017, p. 107

圖 2　V. Schlitz, *Les Scythes: et les nomads des steppes*, Gallimard, 1994, p. 252

圖 3　Zhixin Jason Sun, *Age of Empires*, The Metropolitan Museum of Art, New York, 2017, p. 63

圖 4　《絲路傳奇：新疆文物大展》，國立歷史博物館，2008，頁 68

圖 5.1–2　V. Schlitz, *Les Scythes: et les nomads des steppes*, Gallimard, 1994, p. 302

圖 5.3　Iaroslav Lebedynsky, *Les Saces: Les Scythesd'Asie, VIIIè siècleav. J.C.–IV siècle apr. J.C.*, Paris:EditionsErrance, 2006, p.197

圖 6.1–3　《シルクロード：絹と黃金の道》，東京國立博物館，2002，頁 24

圖 7　甘肅省文物考古研究所編，《西戎遺珍》，文物出版社，2014，頁 61

圖 8.1　A. Salmony, *Sino-Siberian Art in the Collection of C. T. Loo*, Paris: C. T. Loo, Publisher, 1933, plate XXVI. 4

圖 8.2　田廣金、郭素新，《鄂爾多斯式青銅器》，文物出版社，1986，頁 84

圖 9　2004 年作者攝於固原

圖 10　田廣金、郭素新，《鄂爾多斯式青銅器》，文物出版社，1986，頁 183

圖 11　Jenny F. So and Emma C. Bunker, *Traders and Raiders on China's Northern Frontier*, The Arthur M. Sackler Gallery, Smithsonian Institute, 1995, no. 66, p. 145

圖 12.1　Emma C. Bunker, *Ancient Bronzes of the Eastern Eurasian Steppes from the Arthur M. Sackler Collections*, The Arthur M. Sackler Foundation, 1977, fig. A122

圖 12.2　作者線描圖

圖 13　Emma C. Bunker, *Ancient Bronzes of the Eastern Eurasian Steppes from the Arthur M. Sackler Collections*, The Arthur M. Sackler Foundation, 1977, fig. A111, p. 79

圖 14.1　田廣金、郭素新，《鄂爾多斯式青銅器》，文物出版社，

1986，頁 186

圖 14.2　田廣金、 郭素新 ，《鄂爾多斯式青銅器》， 文物出版社， 1986，頁 187

圖 15　A. Salmony, *Sino-Siberian Art in the Collection of C. T. Loo*, Paris: C. T. Loo, Publisher, 1933, plate XXVII. 3

圖 16　A. Salmony, *Sino-Siberian Art in the Collection of C. T. Loo*, Paris: C. T. Loo, Publisher, 1933, plate XXVII. 2

圖 17　Emma C. Bunker, *Ancient Bronzes of the Eastern Eurasian Steppes from the Arthur M. Sackler Collections*, The Arthur M. Sackler Foundation, 1977, fig. A123

圖 18　Emma C. Bunker, *Ancient Bronzes of the Eastern Eurasian Steppes from the Arthur M. Sackler Collections*, The Arthur M. Sackler Foundation, 1977, fig. A120

圖 19　張文軍主編，《匈奴與中原——文明的碰撞與交融》，中州出版社，2012，頁 170

圖 20　Jenny F. So and Emma C. Bunker, *Traders and Raiders on China's Northern Frontier*, The Arthur M. Sackler Gallery, Smithsonian Institute, 1995, no. 80, p. 158

圖 21.1　廣州市文化局編，《廣州秦漢三大考古發現》，廣州出版社， 1999

圖 21.2　廣州市文物管理委員會等編，《西漢南越王墓》上，文物出版社，1991，圖 104.1

圖 22.1　A. Salmony, *Sino-Siberian Art in the Collection of C. T. Loo*, Paris: C. T. Loo, Publisher, 1933, plate XXII. 3

圖 22.2　Emma C. Bunker, *Ancient Bronzes of the Eastern Eurasian Steppes from the Arthur M. Sackler Collections*, The Arthur M. Sackler Foundation, 1977, fig. 242.2, p. 274

圖 23.1–2　F. Hiebert and P. Cambon eds., *Afghanistan: Crossroads of the Ancient World*, the British Museum, 2011, no. 190, p. 271

圖 24.1–2　F. Hiebert and P. Cambon eds., *Afghanistan: Crossroads of the Ancient World*, the British Museum, 2011, no. 100, pp. 198–199

圖 25　新疆昌吉回族自治州文物局編,《絲綢之路：長安－天山廊道的路網》, 文物出版社, 2014

圖 26.1–2　A. Salmony, *Sino-Siberian Art in the Collection of C. T. Loo*, Paris: C. T. Loo, Publisher, 1933, plate XXXV. 7–8

圖 27　田廣金、郭素新,《鄂爾多斯式青銅器》, 文物出版社, 1986, 圖版八十九

圖 28　新疆昌吉回族自治州文物局編,《絲綢之路：長安－天山廊道的路網》, 文物出版社, 2014

圖 29　王志杰編,《茂陵文物鑒賞圖志》, 三秦出版社, 2012

圖 30　周到、呂品、湯文興編,《河南漢代畫像磚》, 上海人民美術出版社, 1985

圖 31　四川省考古研究院、綿陽博物館,《綿陽雙包山漢墓》, 文物出版社, 2006, 圖版 113

圖 32　張文軍主編,《匈奴與中原——文明的碰撞與交融》, 中州出版社, 2012

圖 33　山西博物院、湖北省博物館,《荊楚長歌：九連墩楚墓出土文物精華》, 山西人民出版社, 2011

圖 34　A. Salmony, *Sino-Siberian Art in the Collection of C. T. Loo*, Paris: C. T. Loo, Publisher, 1933, plate XXXV. 6

圖 35　南越王宮博物館編,《南越國宮署遺址》, 廣東人民出版社, 2010

圖 36　西漢南越王博物館,《西漢南越王博物館珍品圖錄》, 文物出版社, 2007, 頁 91

圖 37.1–2　廣州市文物管理委員會等編,《西漢南越王墓》上,文物
　　　　　出版社,1991

圖 38.1–3　石士永、王素芳,〈燕文化簡論〉,《內蒙古文物考古》1–
　　　　　2 (1993),頁 117

圖 38.4　河北省文物研究所編,《燕下都》,文物出版社,1996,彩版
　　　　　31.2

圖 39　V. Schlitz, *Les Scythes: et les nomads des steppes*, Gallimard,
　　　　1994, p. 289

圖 40.1　李銀德主編,《古彭遺珍——徐州博物館藏文物精選》,北京
　　　　　國家圖書館出版社,2010,頁 276

圖 40.2　前圖作者線描圖

圖 41.1–2　《考古》2013 第 10 期

圖 42　張文軍主編,《匈奴與中原——文明的碰撞與交融》,中州出
　　　　版社,2012,頁 134

圖 43.1–2　張文軍主編,《匈奴與中原——文明的碰撞與交融》,中州
　　　　　出版社,2012,頁 13

圖 43.3　閻根齊主編,《芒碭山西漢梁王墓地》,文物出版社,2001,
　　　　　頁 57,圖 26.1

圖 44.1–2　王永波,《長清西漢濟北王陵》,北京三聯書局,2005,頁
　　　　　125

圖 45.1–3　以 上 章 丘 洛 莊 漢 墓 九 號 陪 葬 坑 圖 版 採 自 網 路
　　　　　http://www.dili360.com/cng/article/p5350c3d67897101.htm
　　　　　崔大庸,〈山東考古大發現——洛莊漢墓〉,《中國國家地
　　　　　理》8 (2001)

圖 46.1　江西省文物考古研究所、首都博物館編,《五色炫曜——南
　　　　　昌漢代海昏侯國考古成果》,江西人民出版社,2016

圖 46.2　2018.12.4 作者攝於江西省博物館

圖 47　田廣金、郭素新,《鄂爾多斯式青銅器》,文物出版社,1986,

頁 170

圖 48.1–2　Giuseppe Eskenazi, *A Dealer's Hand*, London: Scala Publishers, 2012, no. 67, p. 201

圖 49　Emma C. Bunker, *Ancient Bronzes of the Eastern Eurasian Steppes from the Arthur M. Sackler Collections*, The Arthur M. Sackler Foundation, 1977, no. 228a-d, p. 263

圖 50.1–3　*L'Or des Amazones*, Paris-Musées, 2001, p. 199, 235, 272

圖 50.4　*The Treasures of Nomadic Tribes*, p. 81

圖 51.1–2　田廣金、郭素新，《鄂爾多斯式青銅器》，文物出版社，1986，頁 246，彩版 31.3

圖 52.1　河北省文物研究所編，《燕下都》，文物出版社，1996

圖 52.2　石士永、王素芳，〈燕文化簡論〉，《內蒙古文物考古》1–2 (1993)，頁 117

圖 53.1　作者攝於廣州南越國宮署遺址博物館，2017.8.18

圖 53.2　南越王宮博物館編，《南越國宮署遺址》，廣東人民出版社，2010

圖 53.3　江西省文物考古研究所、首都博物館編，《五色炫曜——南昌漢代海昏侯國考古成果》，江西人民出版社，2016，頁 64

圖 54.1–3　安徽省文物考古研究所、巢湖市文物管理所編，《巢湖漢墓》，文物出版社，2007，頁 112–113，圖 80、8

圖 55.1–2　安徽省文物考古研究所、巢湖市文物管理所編，《巢湖漢墓》，文物出版社，2007，彩版 50.4–5

圖 56.1　*L'Or des Amazones*, Paris-Musées, 2001, p. 219

圖 56.2　*The Treasures of Nomadic Tribes in South Russia*, 日本朝日新聞社，1991，p. 111

圖 57　S. Stark and K. S. Rubinson eds., *Nomads and Networks: The Ancient Art and Culture of Kazakhstan*, Princeton and Oxford: Princeton University Press, 2012, p. 134

圖 58.1–2　F. Hiebert and P. Cambon eds., *Afghanistan: Crossroads of the Ancient World*, the British Museum, 2011, no. 194, p. 272

圖 58.3　作者線描圖

圖 59　*L'Or des Amazones*, Paris-Musées, 2001, p. 246

圖 60.1–2　《絲路傳奇：新疆文物大展》，國立歷史博物館，2008，頁 69

圖 61.1　新疆維吾爾自治區博物館編，《新疆出土文物》，文物出版社，1975，圖 35

圖 62　F. Hiebert and P. Cambon eds., *Afghanistan: Crossroads of the Ancient World*, the British Museum, 2011, no. 205, p. 279

圖 63.1–2　採自網路

圖 64.1–2　作者攝於柏林舊博物館 (Altes Museum at Berlin)

圖 65、66　採自網路 https://commons.wikimedia.org/wiki/File: Mosaic_with_a_ketos_(sea_monster)

圖 67.1　張文軍主編，《匈奴與中原──文明的碰撞與交融》，中州出版社，2012，頁 169

圖 67.2　閻根齊主編，《芒碭山西漢梁王墓地》，文物出版社，2001，圖版 12.1

圖 67.3　閻根齊主編，《芒碭山西漢梁王墓地》，文物出版社，2001，圖版 12.3

圖 67.4　張文軍主編，《匈奴與中原──文明的碰撞與交融》，中州出版社，2012，頁 169

圖 67.5　閻根齊主編，《芒碭山西漢梁王墓地》，文物出版社，2001，圖版 13.1

二、中國古代平民的讀寫能力

圖 1　維基百科

圖 2　Oscar Broneer，1938 年考古報告

畫外之意：漢代孔子見老子畫像研究　　　　　邢義田／著

　　傳統歷史研究依靠文字多過圖像，但透過圖像資料，卻往往能從中發現更多在文字中得不到的答案，邢義田教授透過解讀漢代畫像石、畫像磚與墓室壁畫的意義，並結合文獻，試圖透析漢代人的所思、所想與所信。本書收錄豐富的圖像，與邢義田教授自90年代以來走訪中國、世界各地探查畫像石原石的記錄，途中點點滴滴與各界盛情幫助，都使本書在知性之外更增添了幾分溫暖與趣味。

秦漢史論稿　　　　　　　　　　　　　　邢義田／著

　　本書收錄論文計十一篇，書評與資料介紹共六篇。論文所涉從天下觀到山東、山西之分野，從鄉里聚落到壁畫發展，雖似漫無涯際，實則皆以探究秦漢政治與社會生活之關係為重心：言天下觀、皇帝制度，意在說明中國中心之天下觀如何形成；談孝廉身分背景、律令學、行政中之「故事」與「便宜從事」，則在顯示社會菁英化為官僚與行政運作之特色；尋繹山東、山西之分野變化，以見政治發展如何影響地域區劃；論徙民與遷徙刑，旨在顯現政府措施不容違背社會之基本結構與特性；東漢壁畫流行，多取道德典型為題材，此一現象深切反映儒教傳統如何在政府與士子儒生努力之下，深入人心。總之，各篇所論雖有不同，用意則一。

古代中國文化講義　　　　　　　　　　　　葛兆光／著

　　這是一本關於古代中國文化的入門書。首先要討論古代中國的天下觀，接著要通過認識古代的婚禮和喪禮，看看古代中國的家族生活與倫理，還要介紹佛教的傳入，以及它如何影響中國人的思想，另外也詳細介紹道家與本土的道教。本書也關注古代中國民眾的知識、行為和信仰，並討論深刻反映古代中國思維的風水知識。古代中國的歷史與傳統延續性相當強，透過閱讀本書，讀者能發現古代中國文化傳統在現代中國的延續，理解當下中國的文化世界。

時尚宗教學

徐頌贊／著

　　拜訪古今中外的神佛仙妖，周遊東南西北的神話傳說，揭開魑魅魍魎的神祕印象，窺探天地神人的玄妙邏輯，還你一個有仙氣又有煙火氣的大千世界！作者以妖魔鬼怪、神佛仙聖為題，透過觀察魑魅魍魎，趣味理解宗教文化，反觀人間生活。這裡所談的，不是迷信，也無關信仰，而是人類幾千年來累積傳遞的文化現象，是人類心靈的象徵和外化。本書試圖重構一個飽滿、幽默、有情的幽微界，把神明妖怪重新帶向人間，也把人間帶給他們。

族譜學論集

陳捷先／著

　　自古以來，中國就非常重視家族，〈堯典〉、《周禮》中已對維繫家族精神提出了一些主張。秦漢以後，因歷代世變的影響，中國族譜隨之有了精進發展，特別是在唐宋時期考試制度的嚴格實行與新儒學的建立，中國族譜學有了新內容與新體例，清代更是中國族譜學在廣度與深度上有著更新發展的時代，值得探討研究。

　　本書為作者多年來對中國，乃至韓國、琉球族譜深入研究的成果，書中並收集了許多散失在海外的古中國族譜資料，對中國及東亞的譜學研究深具影響，亦希冀在闡揚倫理、安定社會等方面有所貢獻。

明清中琉關係論集

陳捷先／著

　　位於日本最南端的沖繩，曾是一個獨立的「琉球王國」。作為明清時期中國的藩屬國，琉球與中國有著密不可分的關係。長久以來，我們對於中琉關係的認識大多止於「琉球是中國的藩屬」，究竟琉球歷史還有那些精彩之處？中國對琉球的食衣住行造成那些深遠影響？琉球使節來到中國又有什麼樣的行程與活動？讓我們透過明清史大家陳捷先教授的文字，一同探索中琉之間關係的發展，進而深入認識這個與臺灣相距不遠的鄰居。

女人的中國醫療史
——漢唐之間的健康照顧與性別
李貞德／著

房內是一位富貴之家的孕婦，獨自半蹲地架在衡木上生產。房外則是她的公公，陪同來助產的高僧，隔著窗戶教她調息。西元六世紀一個不可思議的分娩故事，先後經兩位士大夫抄錄和轉載。這些男性醫學專家對產婦和助產婦的評價，透露了什麼樣的身體觀與性別觀？遭品頭論足的女性，又表現哪些醫療照顧上的能力與特色？

本書從生育文化入手，介紹求子、懷胎、分娩的方法，乃至避孕、墮胎的手段，藉由重建各種醫方及其論述，說明中國婦科醫學逐漸成熟的過程，再以乳母與產為範例，進一步探討女性作為照顧者，乃至醫療者時，所面臨的待遇、評價與挑戰。期望從性別的角度，重新回顧女性參與生老病死的歷史。

論戴震與章學誠
——清代中期學術思想史研究
余英時／著

戴震和章學誠是清代中葉學術思想史上的兩個高峰，他們的學術基地在考證，但他們的義理則為整個考證運動指出了一個清楚的方向。不過長久以來，學術即有清代兩百餘年的儒學傳統祇有學術史上的意義，而無思想史可言的偏見，本書乃通過對戴震與章學誠之間在學術思想方面的交涉，加以全面而深入的探討，並從歷史和心理兩個角度勾劃他們兩人的思想側影。從中不僅清晰而真實地呈現出十八世紀中國思想界的面貌，更能窺見清代儒學和宋明理學之間在思想史上的內在鎖鏈，同時顯示了儒學傳統在清代的新動向。

宋代的家族與社會

黃寬重／著

　　在科舉興盛的宋代，士人如何透過經營策略，建立人際網絡，追求個人功名和家族發展嗎？有哪些因素影響到士人家族的興衰、家族在基層社會的角色？

　　作者透過傳世文獻、出土墓誌資料，結合近人研究成果，掌握宋代士人家族，特別是南宋江南家族的發展脈絡，及其人際網絡與社會關係。

　　全書首談墓誌史料價值與限制，及與家族史研究之關係；進而由個案研究出發，探討浙江四明及江西地區，六個著名士人家族的興衰與社會關係演變。最後則跳脫個案研究的框架，進一步說明宋代家族發展成敗的要素，並對長久以來關於宋代社會究竟是「流動性」或「封閉性」的爭議，提供新的看法，相信有助於掌握宋代士人家族發展樣貌，更進一步了解士族在中國近世基層社會中所扮演的角色。

國家圖書館出版品預行編目資料

立體的歷史：從圖像看古代中國與域外文化／邢義田
著.——增訂三版　　刷.　　臺北市：三民，2021
　　面；　　公分.——（歷史聚焦）

ISBN 978-957-14-7032-0　（平裝）
1. 文化交流　2. 文化史

630.9　　　　　　　　　　　　　109018280

歷史
聚焦

立體的歷史——從圖像看古代中國與域外文化

作　者	邢義田
發 行 人	劉振強
出 版 者	三民書局股份有限公司
地　址	臺北市復興北路 386 號 (復北門市) 臺北市重慶南路一段 61 號 (重南門市)
電　話	(02)25006600
網　址	三民網路書店 https://www.sanmin.com.tw
出版日期	初版一刷 2014 年 5 月 修訂二版一刷 2016 年 10 月 增訂三版一刷 2021 年 1 月
書籍編號	S630380
I S B N	978-957-14-7032-0

三民書局